문학동인 Volume 제7집

트라우마 이후

시산맥 기획시선　138

트라우마 이후

시산맥 기획시선 138

초판 1쇄 인쇄 | 2024년 9월 20일
초판 1쇄 발행 | 2024년 9월 25일

지은이 이 령 강봉덕 문현숙 박진형 송용탁 정윤서 한승남
펴낸이 문정영
펴낸곳 시산맥사
편집주간 김필영
편집위원 신정민 최연수
등록번호 제300-2013-12호
등록일자 2009년 4월 15일
주소 03131 서울특별시 종로구 율곡로 6길 36. 월드오피스텔 1102호
전화 02-764-8722, 010-8894-8722
전자우편 poemmtss@naver.com
시산맥카페 http://cafe.daum.net/poemmtss

ISBN 979-11-6243-513-7 (03810) 종이책
ISBN 979-11-6243-514-4 (05810) 전자책

값 12,000원

* 이 책은 전부 또는 일부 내용을 재사용하려면 반드시 저작권자와 시산맥사의 동의를 받아야 합니다.
* 이 책은 교보문고와 연계하여 전자북으로 발간되었습니다.
* 본문 페이지에서 한 연이 첫 번째 행에서 시작될 때에는 〈 표기를 합니다.
* 저자의 의도에 따라 작품의 보조 동사와 합성 명사는 띄어쓰기가 달라질 수 있습니다.

문학동인 볼륨

트라우마 이후

| 발간사 |

  2010년으로 기억합니다. 14년 전 모 문학 행사에서 처음 만난 시(詩)를 사랑하는 젊은 문청들이 문학적 앙가주망을 외치며 동인 결성에 합의했습니다.

  당시에 구성원이 모두 미등단 상태였고 한창 혈기 왕성한 30대로 시인이기 전의 생활인들이었기에 몇 해 동안은 온라인상 조우만 거듭하다 창립총회를 통해 실재적으로 동인으로 구축된 것은 그로부터 수년이 지난 2016년이었습니다.

  그렇게 문학동인 볼륨이라는 간판 아래 '나'에서 '우리'가 되었습니다. 함께 활동하는 동안 '우리'는 오로지 시를 매개로 행복했고 더불어 기쁜 순간도 많았으며 회원 교체 등 개인차로 인해 소소한 갈등도 있었으나 모든 사람살이의 현상은 다 이유가 있을 것입니다. 그래서 여전히 함께하는 회원뿐만 아니라 볼륨과 인연이 닿았던 시인들, 모두 영원한 문학적 지음(知音)입니다.

  볼륨은 매달 익명 합평을 통해 서로를 견인하고 연 2회 오프라인 총회 시 문학 세미나를 통해 공부를 게을리하지 않고 있으며 시집 공동구매와 수익금 일부를 사회에 환원하는 일을 이어가고 있습니다. 특히 동인 5집 '코로나 블루-곡비(哭婢) 10인의 시인들이 부르는 희망가'를 발간해서 코로나 시기 시대적 아픔을 함께 노래한 적도 있습니다. 무엇보다 괄목할만한 성과(등단 후 활발한 작품발표, 시집 상재, 각종 문학상 수상, 각종 지원금 수혜 등)도 이룰 수 있었습니다. 함께했기에 가능했던 '우리'들의 결실이었습니다.

  2024년, 이제 볼륨 동인지 7집이 발간됩니다. 우리가 함께 걸어온 시간만큼 동인 각각의 시작(詩作)도 동인지의 면면도 깊어지고 탄탄해졌습니다.
  "혼자 가면 빨리 갈 수 있지만 멀리 가려면 같이 가야 합니다."
  창립 초기부터 견지해 온 볼륨 동인의 모토입니다.
  시를 매개로 묵묵하게 시인의 길을 함께 걷고 있는 볼륨 동인들께 고마움을 전합니다.

  앞으로도 볼륨의 키(STATURE)는 더욱 높아지리라는 서로의 믿음이 있습니다.

_ 볼륨 내부고문 이 령

| 격려사 |

지구의 온난화를 생각하면서

 독일과 체코 사이를 흐르는 엘베강에 자리 잡은 가장 유명한 헝거스톤에는 '나를 보면 울어라(Wenn du mich siehst dann weine)'라고 적혀 있다. 다른 헝거스톤에는 가뭄이 흉작·식량부족·물가 급등·굶주림 등을 가져왔다고 표현돼 있다. 가뭄이 발생한 주요 연도를 파악할 수 있는 헝거스톤도 나왔다.

 올여름은 유난히 더웠다. 견디고 견디어도 쉽게 물러가지 않은 더위를 이제 받아들이고 살아야 한다. 우리가 만든 재앙을 우리 후손들이 껴안고 살아야 하는 것이 못내 씁쓸하다. 그러나 정치인도 기업가도 아직 책임질 준비가 되어 있지 않다.

 세상의 아웃사이더에 있는 시인들이라도 글을 통하여 묻고 답해야 한다. 그리하여 작은 관심과 사랑으로 세상의 아픈 것들을 만져 주어야 한다.

 시인들은 상상력이 좋아 말을 잘 만든다. 그래서 서로에게 상처 주는 일도 생긴다.

좀 더 큰 그림을 그렸으면 한다. 지구의 온도가 이리 상승하는데, 작은 일들에 얽매이지 않았으면 좋겠다. 그러려면 신뢰가 생겨야 한다. 동인이란 서로의 신뢰에서 하나가 될 수 있다. 볼륨 동인들이 벌써 7집을 낸다. 우여곡절도 있었겠지만, 중심을 잡고 잘 나아갔으면 한다.

어떤 말보다 행동이 중요하다. 앞으로도 볼륨 동인들이 잘 단합하여 좋은 시를 쓸 뿐 아니라 사회에도 이바지하는 모임이 되었으면 한다. 다시 한번 동인지 7집 발간을 축하드린다.

_ 볼륨 외부고문 문정영

■ 차례

회원시

발간사	이　령(볼륨 내부고문)	10
격려사	문정영(볼륨 외부고문)	12

초대시

김윤배	집시의 딸들 외 1편	21
정숙자	극지 行 외 1편	25
문정영	저어, 저어새 외 1편	29

회원시

이　령	시인하다 외 5편	36
	모자 찾아 떠나는 호모루덴스	38
	사사로운 별	40
	박달재 신화	42
	삼국유사 대서사시-사랑편 3장	46
	삼국유사 대서사시-사랑편 제9장	50

강봉덕	칼라 혹은, calla 외 3편	55
	무한구간반복	57
	똑같이 생긴 내가 계속 태어난다면	59
	Burnout	61
문현숙	케이크 외 3편	64
	무섬	66
	열쇠, R	67
	졸음체 운전법	69
박진형	압생트의 시간 외 6편	72
	생테밀리옹 가는 길	74
	미기록종 발굴 보고서	76
	유리의 시간	78
	아홉 번째 고독	79
	우기	81
	파란 리본을 한 처녀	83

송용탁	차라투스트라는 이렇게 죽었다 외 5편	87
	클래식	91
	발치	93
	만조	95
	중음中陰	97
	층간소음	99
정윤서	채희 외 4편	103
	James & Clara	105
	옥합을 깨뜨린 이브	110
	망상 해변	113
	스텔스	115
한승남	너瓦, 함께하는 지붕 외 6편	119
	바닷길 재단사	120
	별 우물	121
	에코백	122
	빛의 뜰	124
	꽃의 염殮	126
	토르소를 바라보는 우리의 표정	128

테마시
트라우마

이　령 _ 트라우마　　　　　132

강봉덕 _ 검정　　　　　　135

문현숙 _ 와인터널　　　　138

박진형 _ 그녀의 트라우마　142

송용탁 _ 직물　　　　　　146

정윤서 _ 미희　　　　　　149

한승남 _ 트라우마　　　　156

■ 문학동인 Volume 연혁　　158

초대시

김윤배

충북 청주 출생. 1986년 《세계의문학》으로 등단. 《용인문학》 편집고문. 안성에 '미평문학관' 운영. 시집으로 『떠돌이의 노래』, 『바람의 등을 보았다』, 『언약, 아름다웠다』, 『그녀들의 루즈는 소음기가 장착된 피스톨이다』, 『내 생애는 늘 고백이었다』, 『내가 너를 사랑한다 고백했던 말은』 등과 장시집 『사당 바우덕이』, 『시베리아의 침묵』, 『저, 미치도록 환한 사내』가 있고, 산문집으로 『시인들의 풍경』, 『최울가는 울보가 아니다』, 동화집으로 『비를 부르는 소년』, 『두노야, 힘내』, 평론집으로 『온몸의 시학, 김수영』, 『김수영 시학』 등이 있음.

집시의 딸들 외 1편

실물대 사진으로 걸려 있는
집시 딸들은 뼈들이 살가죽을
안에서 밖으로 찌르고 있는
살아 있는 미이라, 어린
집시 딸들의 볼록한 치골과
마른 무릎, 앙상한 갈비뼈는
연약한 살가죽을 들어 올려 작은
바람에도 유랑의 선율이 터져 나온다
열네 살의 수치심을 견디고 있는
치골에 붙어 있는 마른 꽃잎 한 장
군인들의 웃음이 잠시 머물렀을
여린 수치를 죽음으로도 갚지 못해
집시 딸들 수십 년, 아우슈비츠 수용소
3동 벽을 품처럼 파고든다

살아남은 자

싸이클론비'는 척후병이었다 재빠르게 그녀들의
아름다웠던 기억의 세포들을 틈입해 들어갔다
흐릿한 미소로 다가오던 딸들이, 아들들이,
오, 마침내 어머니가 천정의 네모난 구멍으로
빠져나갔다 기억을 지탱하고 있던, 절규를
지탱하고 있던 모든 것들이 스르르 풀려나갔다
(내가 살아서 그 모습을 보고 있다)
죽음의 향기가 이토록 달았던가
그녀들은 미소 지었다 이 아름다운 향기를 두려워
떨었던가 그녀들의 딱딱하게 굳어 있던 비명들이
가스 투입구를 유연하게 빠져나갔다
침묵이 찾아왔다 덜컹 철제문이 열리고 말소리가
들렸다 말소리는 가스실의 살아 있는 시간이었다
(내가 살아서 그 모습을 보고 있다)
허리 구부정한 유대인 노인 전기 철조망 사이를 걸어 나간다
특집용 TV 카메라가 부지런히 노인을 따라간다

시 속에서 상투화된 가스실의 떼죽음이 나를 괴롭힌다
문학이 될 수 없는, 시가 되어서는 안 되는 죽음들을
시로 쓰면서 나는 운다, 울어야 할 것 같다

* 독살용으로 쓰인 독가스

정숙자

   1952년 전북 김제 출생, 1988년『문학정신』으로 등단, 시집『공검 & 굴원』『액체계단 살아남은 니체들』등, 산문집『행복음자리표』『밝은음자리표』등, 〈질마재문학상〉〈김삿갓문학상〉등 수상.

극지 行 외 1편

한층 더 고독해

진다,

자라고
자라고
자라, 훌쩍
자라오른 나무는

그 우듬지가
신조차 사뭇 쓸쓸한
허공에 걸린다

산 채로
선 채로, 홀로

그러나 결국 그이는
〈

한층 더 짙푸른

화석이 된다

공우림空友林의 노래 · 62

1

당신은 깊은 산 메아리처럼 저자에 나오지 아니합니다. 제 발목엔 무엇이 채여 당신께 날아갈 수 없는 걸까요. 스스로 짚은 게 아닌… 영문도 모르는 수형受刑에 갇혀… 그리움만이 몸을 놔두고 바람에 섞였습니다. (1991. 1. 16.)

- - -

외로울 때 읽어야 진짜
책이지

푸른 먹물이
걸러낸
볕뉘

그걸 먹고 입고 거닐며
접때도 오늘도 남은 파도도

문정영

전남 장흥 출생.
건국대학교 영어영문학과 졸업.
1997년『월간문학』으로 등단.
시집으로『두 번째 농담』『술의 둠스데이』등이 있다.
계간『시산맥』계간『웹진시산맥』발행인. 동주문학상,
시산맥 기후환경문학상 대표.

저어, 저어새 외 1편

부리부터 눈까지 검은 당신은 그때 겨울깃이었지

가슴 가득 품었던 노란색이 사라지며 풍경에서 멀어져 가고 있었어

저어, 저어 하며 차가운 햇살을 물고 물었던 말들

당신이 견디었던 작은 노란 반달 모양의 상처들

우리는 차가운 겨울밤에 번식깃을 지나갔지

내게서 번져 당신에게 옮아가는 눈물은 참 붉었지

저어, 저어 하며 날아가고 싶은 날개를 비벼대던

당신은 멸종하는 어느 새의 날갯짓을 습작하고 있었던 것일까

등 움츠리고 걸어가던 인사동 골목 한지 불빛 아래서

갈 곳 잃어버린 새 떼들이 날아올랐지

〈
습지는 가벼웠고 오염된 구석은 무서웠어

저녁은 귓속말을 잊어버렸을까

우리는 저어새처럼 따뜻한 곳으로 슬픔을 옮기고 말았지

복숭아뼈 물혹 같은

다시 눈꺼풀 떨리는가를 정오에 물었다

초여름 소풍 후 붉은 샘이 생겨났다

나비가 여러 번 앉았다 날아간 흔적이 물방울로 고였다

귀가 열리고 코끝이 새겨진 도화꽃 옆에서 말했다

네가 나의 처음이야, 내 몸은 투우사의 붉은 천이야

물이 빠져나간 뒤 다시 차오르기가 이른 봄 같았다

너를 얻기 위해 나무 한 그루에 그늘이 차도록 물을 주었던가

한쪽은 가물고 한쪽은 물 폭탄인 南美처럼

꽃 그림 한 장 피어나는 순간 우리의 계절이 바뀌었다

그 장렬한 화촉을 위하여
〈

지금 몸살 앓고 있는 것들, 패티쉬한 것들

하늘을 끌어와 덮고 싶은 사람들, 그 곁에서

우리는 서로의 복숭아뼈 물혹을 씁쓸한 시간으로 만졌다

회원시

이 령

hewon12515@hanmail.net
(M. 010-5602-0425)

- 2013년 《시를사랑하는사람들》 신인문학상 등단
- 시집 『시인하다』(시산맥),
『삼국유사대서사시-사랑편』(한국문화관광콘텐츠협의회)
- 〈한춘문학상〉, 〈경주문학상〉, 〈시산맥시문학상〉 수상
- (사)동리목월기념사업회 부회장, 계간 〈웹진시산맥〉
〈웹매거진 알〉 편집위원
- 〈문학동인 Volume〉 (내부고문)

시인의 말

하나의 형식에다 미심쩍은 찬양을 부여하는 것은 일종의 자살 행위다.

하여 지금부터 나는 모든 절대성을 포기한다. 오직 관측자로서 생의 파동으로 나아갈 뿐.

살아가는 것, 시를 쓰는 것은 본래의 나를 찾아가는 황홀한 미지의 여행이다.

시인하다 외 5편

난 말의 회랑에서 뼈아프게 사기 치는 책사다
바람벽에 기댄 무전취식 속수무책 말의 어성꾼이다
집요할수록 깊어지는 복화술의 늪에 빠진 허무맹랑한 방랑자다

자 지금부터 난 시인是認하자

내가 아는 거짓의 팔 할은 진지 모드
그러므로 내가 아는 시의 팔 할은 거짓말
그러나 내가 아는 시인의 일 할쯤은
거짓말로 참 말하는 언어의 술사들

그러니 난 시인詩人한다

관중을 의식하지 않기에 원천무죄지만
간혹 뜰에 핀 장미에겐 미안하고
해와 달 따위가 따라붙어 민망하다
날마다 실패하는 자가 시인이라는 것이 원죄이며
사기를 시기하고 사랑하고 책망하다 결국 동경하는 것이 여죄다

사기꾼의 표정은 말의 바깥에 있지 않다

그러니 詩人의 是認은 속속들이 참에 가깝다

* 장 콕토.

모자 찾아 떠나는 호모루덴스

신이 하늘의 모자를 훔쳐 인간에게 준 반역
순수의 퇴락은 거기서 부터다

모자 홀릭,
자꾸만 바뀌는 시간의 파장을 난 모자의 부피라 읽고
후흑(厚黑)의 비밀이 그 모자의 무게여서
보이는 것에만 눈이 어두워지는 시간을 내일이라 쓴다

비밀이 늘어날수록 난 어지럽다
시간의 안녕을 훔치기 위해 나의 생은 쥐뿔도 없는 블러핑

머리는 있는데 모자가 없고
모자는 있는데 머리가 없다
부피와 무게는 대체로 비례하지 않기에
갇힌 것은 언제나 자신일 뿐

마피아도 곧은 남자
창녀도 정숙한 여자
알고 보니 카사노바는 불멸의 고자
〈

수평선 너머를 보게 된 직립의 저주로부터 우리는 모자를 얻었다

머리에 묘혈을 파니 모자는
어디든 있고 어디든 없다
먼지를 불리는 책상 아래 숨어있고
화분 물받이 구석 곰팡이로 안착되고
일간지 사회면에서 착하게 부활한다

신이 자신의 형상으로 만들지 못한 유일한 피조물, 머리
엔 모자가 없어 우린
사람으로 태어나는 것이 아니라 사람이 된다

사사로운 별

꿈에서 깨자 나의 공의는 가까스로 정의로웠다

테이블 아래 아베크족의 엉킨 다리를 이해하고 애인의 휴대폰 비밀번호를 존중하기까지 반백이 지났다. 마냥 선한 것이 미덕임을 주입하던 부모의 혈통을 거부하자 통장의 잔고가 늘었다. 대체로 진영의 문제는 정의와 따로 놀았다. 빨강과 파랑이 섞이면 보라색으로 고상해졌지만 내 눈엔 멍 같았다. 사람들은 색을 잃어가면서 익어가는 거라고 우겼다.

칸트의 도덕과 벤담의 공리 사이에서 머리로 시소를 타던 시절이 있었지만 허기는 여전했다. 바로크풍의 마차에 탄 공주를 조소하며 샤넬의 로고를 수집했고 여성을 강조하자 천공의 성이 무너졌다. 운명은 신의 영역이고 인간을 거부하자 신은 빛의 속도로 컴퓨터 자판에서 부활했다. 불면증으로 밤보다 깊은 새벽을 밝힐 때마다 정의는 어둠과 한통속이라 쓴다.

옆집 채식주의자의 개가 거세를 당하자 온순해진 건 아파트였고 사람들은 평화를 가장했다. 놀랍게도 불면증은 옆집 개가 죽고 나서 완치됐다. 아파트 소장의 잦은 훈화가 사라지자 으르렁거리던 사람들은 저마다의 채도로 착해지고 목줄로 길들이며 개를 사랑한다고 우기던 옆집 채식주의자는 점차 사나워졌다. 피를 뚝뚝 흘리는 풀을 뜯고 있는 개의 싱싱한 혓바닥이 쓰윽 이마를 핥고 나서야 난 꿈에서 깼다.

정의를 부정하자 정의가 생겨났다.

꿈속의 꿈처럼 모호한 생은 어디까지 견뎌야 하는 불면중인가. 시뮬레이션 같은 지구의 무게를 견뎌야 하는 당신들과 난 또 어느 지점의 불면중인가.

저울과 칼을 들고 서 있는 꿈, 생이 영원하다면 잔인하다는 선인의 치명이 별빛으로 뜬다. 서슴지 않는 밤의 질문들이 빼곡하게 빛나는 밤, 아스트리아의 가려진 눈을 오래 보는 나는 정의를 섣불리 정의하지 않는 사사로운 별이 되겠다.

박달재 신화

1.
모두가 알 것 같았지만 모두 모르는 척했다

똬리 튼 살모사 눈알이 사금파리마냥 반들거리던 봄이었다
경운기 엔진음 같은 이장의 목소리가 부고를 알렸다
회관 확성기 소리를 베낀 부추밭 꽃이랑이 일순 내밀한 비밀처럼 술렁거렸다

과부였던 감실 할매가 대를 이어 청상이 된 며느리, 반성 댁을 지목할 리 없었다

"내사 암것도 모린데이~, 갸가 이거를 목마르면 마시라꼬…"

치명致命은 몽롱했다
깨진 막걸리 사발만이 예리한 정황을 전하고 있었다

그러나 어쩔 것인가
침묵이 어리석은 자들의 미덕임을.
누가 실존에 앞선 본질을 강요할 수 있나
〈

남편의 무덤에 풀 약을 치고 왔다는 알리바이는 허술해서 더 자명했다
  그 밤, 해거름 아지랑이도 감실 할매의 혼인 냥 귀촉도 소리 따라 박달재를 울고 넘었다
  반성 댁의 곡소리만큼 밤은 깊고 마을은 흉흉했다

  모두가 알 것 같았지만 모두가 모르는 척했다

  2.
  밤마다 시아비는 군에 간 서방 대신 속곳 봉두에 불 지피고 낮이면 가로 톳 숭숭한 젊은 시아재가 영주댁의 문지방을 들락거렸다

  철없는 시누이가 근거 있는 소문을 퍼트리는 동안 마을은 술렁거렸다 까마귀 까악까악 소리에 놀란 봇도랑 고마리가 오종종 줄지어 피던 봄 영주댁은 떡두꺼비 같은 아들을 낳았고 다음 해 가을엔 꽃순 같은 딸을 낳아 삼대가 멍석말이를 당하고 동구 밖으로 쫓겨났다 시아비는 시아비, 시아재는 여전히 시아재, 삼촌이 오빠가 되었지만 영주댁은 평온했다 서방의 전사戰死 통지서가 날아들던 날, 마을은 잠시 아주 잠시 술렁거렸을 뿐 울바자 너머 소란을 잠

재우듯 박꽃이 줄지어 피어나고 동구 밖 까치 소리에 처마의 고드름이 녹아 죽담 돌 허벅에 또롱또롱 맺히는 봄, 마을도 곧 평온을 되찾았다

   돌을 던질 자격은 누구에게 있는가?
   돌 대신 거울을 내 얼굴에 비춰본다
   돌을 던져 거울을 깬다면 그것이 필경 마뜩한 윤리가 될 것이다

3.
돌탑 보 얼음장이 쩍쩍 갈라지고
성황당 오방색 깃발도 웅웅 바람소리를 베꼈다
범 부엉이 당수나무 우듬지에 들명날명 암흑의 밤을 쪼아대면
마을의 전설이 소리로 부활했다

당골의 점사는 잔인했다

난 자리에서 내리 여섯, 죽어나간 자식의 명을 이으려
   초유도 먹이지 못한 아이의 목을 새끼줄에 묶고 박달재를 울고 넘었다는

감실 댁의 곡성일 거라고들 했다

만물에 응해도 자취가 없는 사람마을에
만물의 감응이 가혹한 모정을 타전하는 밤이었다

삼국유사 대서사시–사랑편 3장
-왕릉 '天馬 다시 날다 展' 가는 길

1
 능의 개화는 도굴꾼의 촉에서 시작됐다. 느티, 모란, 왕버들도 아닌 사슴의 맞가지에 걸린 창이며 산 위의 산 위의 산인 세움 장식의 엇가지, 달개장식 귀걸이, 왕릉을 지키고 선 솔잎도 이곳에선 모조리 날이 섰다.

 절대 권력은 백성의 꽁보리밥보다 금은세공이 돈을 될 때, 왕이 신으로 둔갑할 때, 법이 흥하고 덧널처럼 비밀이 쌓일 때 그리고 우민愚民이 그 덧이 실상 덫인 줄 모를 때라

 실상 황금의 나라가 완성되기까지. 날 선 촉, 아닌 것이 어디 있었을까?

2
 가뭄에 비 드니 계림鷄林이 일제히 일어선다. 홰치는 소리 너머 보검을 휘두르는 풍월주의 고함소리, 우두두 둑, 수만의 말무리가 황산벌을 내달리는 소리. 개벽의 소리, 그 소리들이 모여 널리 세상의 빛이 되었을까. 신월성新月城 천년 숲을 가르는 저 함성, 아귀차다.
 〈

도릿깻장 꼭대기 도릿깻열처럼 맷돌의 어처구니처럼 카루다와 우바카루다˚처럼.

  천 년 전의 주검들이 일제히 눈을 뜨니 천마가 수문장처럼 우뚝하고 새털구름 자작나무 숲이 기립박수를 치는. 바야흐로 시간의 탁란이었다.

  3
  전봇대의 애자(睚眦)가 되어 깃털을 말리는 날
  저 아래 젖무덤이 내 눈물 같은 빗방울을 털어내고 있다
  볏가리처럼 쌓인 천관녀의 해묵은 기다림일까
  새가 되고 싶다
  저잣거리의 소리들이 왁자하다
  이편저편, 어디에도 너는 있고 나는 없다
  나는 듣지 못하니 자유롭다
  아니 듣지 않으려고 날개가 있지!
  아니다
  날개가 있다 한 들,
  그대에게 닿지 못하니

나, 더는 자유가 아니다
구속되고 싶은 유일한 자유, 그것이 사랑이라면
나, 그 날개. 실연의 기억을 여미지 못하니

4
우락부락 금강역사, 수막새의 미소, 감실불상 할매의 속내를 오래 본 적 있는가!

현생은 보수와 진보와 개혁보수, 무리무리 환자들이 득실거리는 좌충우돌 어깃장 터. 나, 이곳에선 날개를 펴지 않겠네. 사랑 아니면 아무것도 아닌 세상, 어깃장을 지르밟는 내 발걸음을 붙잡는 저 표정들. 난세엔 난새, 하늘을 나는 새, 치미 끝에 앉아 천 년 전 그대들을 애달피 회상하네.

5
소리에 대한 모든 반응은 깃털을 타고 굴절된다 당신과 나는 가까울수록 멀어진다 거리를 두다 사라지고 다시 뜨는 별, 무리 짓지만 결국 우린 각자에게 타인이다

〈

　삶은 기민하다 당신을 거쳐 온 시간은 대체로 불안했다 그러니까 나에게서 잘 번식하는 욕망은 세상으로 날아가는 발원지다 꼬리별을 잡고 눕는 어둠과 서러움을 타전하는 결핍을 당신과 나를 포함한 바람결의 압축된 슬픔이라 하겠다.

　잡담과 웃음이 잘 버무려지면 나와 당신은 우리가 될 수 있을까 잊었던 이름들이 포탄처럼 쏟아지고 지웠던 얼굴들이 밤하늘에 젖어든다 이런 날은 찌든 깃털을 씻어 잘 말려둔다 여기서 내 울음은 근거 없음의 증명이라 하겠다

　산들바람이 먹구름을 하늘 언저리에 부려놓는다 뜬구름에 뭉그러진 음원音原의 산란이다 구름이 별빛을 가려 어둑하다 겨울은 빛의 직진이 온통 굴절되는 짐승이다 그 누구도 그 짐승의 습격을 피할 수 없다 하여 당신과 나는 욕망하는 자들의 먼 기원이다

　* 카루다와 우바카루다 : 불본행집경(佛本行集經)에 나오는 히말리야산 속에 사는 몸뚱이 하나에 머리 둘 달린 새.

삼국유사 대서사시—사랑편 제9장
-흥덕왕릉에서

통일신라의 능원 양식이 가장 잘 보존된 피장자가 정확히 밝혀진 왕릉이다. 정목왕후와 합장할 것을 유언한 응덕왕에 의해 합장릉이라 붕분의 크기도 동시대의 왕릉보다 크다. 사람의 크기가 왕릉의 크기로 내려앉은 곳, 서역인상의 무인석상과 빼곡한 소나무 숲이 무덤을 지키고 서 있다.

1
짚대를 타고 내리는 빗물은 서두르지 않는다
또로록 또로록 줄 서서 내리는 낙수
나직이 흐느끼는 속울음처럼
면역이 없는 그리움, 사랑이 천년의 봉분을 타고
저리 오래도록 깊고 서럽게 흐른다.

2
합장된 것은 몸 아닌, 마음 이었다.
아라비아 푸른 눈을 베껴
한 발 아래 뛰어내리지 못해 한 발 위에서 우는 여인아
비가悲歌에 젖은 처용무처럼 자못 흔들리는
귀부의 몸돌 난간에 핀 저 제비꽃

덕이 흥하면 천국이요, 사랑이 사라지면 지옥이라지.
사랑이 움트는 일은 꽃이 피는 일.
철 지난 말의 개화다, 왕릉이 일어선다.
산 그림자 눕는 숲, 솔잎 침낭 들추며 나온 저 제비꽃
합장된 것은 금관이 아닌 한 사내의 순정이었다.

3
적막이 하도 좋아 나 그 적막에 들었네.
비雨, 땅에 떨어지기까지 꿈이었네.
사랑은 꿈꾸는 자들의 눈물.
비悲, 터진 비명은 더 이상 꿈이 아니네.
사랑은 살아있는 자들의 비상,
비飛, 한 잔 술에 취해 슬픔을 말리며 하늘을 나네.
사랑은 꿈에서 깬 신들의 눈물.

적막이 좋아 적막애 드니 나를 취하게 한 그 적막, 사랑이었네.

4
비 그치자 달이 머리 위로 솟는다. 가래톳 돋는 밤꽃 향 분분하

다. 천년 면벽에 돌부처도 벌떡 일어나 걸어 나올 것만 같은 밤. 무덤이 열리고 엎드려있던 자라가 기지개를 켜는 금오산, 신검의 부활인가? 산이 품은 그리움, 획획 휘리릭 귀신 새소리마저 구슬프다.

5
세상 꼴딱 모르고 지나치고 말 발걸음을
귀신 소리가 불러 세워 밤이 하얗다
밤물 같은 어둠을 밝혀주는 목청
처음에는 낮은 속울음이었을 산이 품은 그리움
무덤을 싸안은 적막의 세월들이 소리를 높이게 했던가 보다
그리움에는 면역이 없어
발자국들이 점이 될 때까지
새는 부리에 허공을 달았을까
바람의 입을 빌린 나뭇잎, 밤마다 곡성에 쫓겨 사그락거리고
나는 산중을 헤매는 꿈을 꾼다
내 닿는 길마다 달빛 들어 마음의 그물을 깁고
비명의 시간들 차분히 목청 내려놓으면
귀신 새가 무덤가에서만 우는 이유를
그제서야 알 것만 같다.

강봉덕

kybh007@hanmail.net
(M. 010-6567-1524)

- 2006년 《머니투데이》 경제신춘문예 당선
- 2013년 《전북도민일보》 신춘문예 당선
- 2018년 시집 『화분 사이의 식사』
- 〈문학동인 Volume〉 회원

시인의 말

새벽 해변입니다. 나를 말리고 있습니다.

몸속 눅눅한 것들이 사라질 때까지입니다.

여긴 아무도 없습니다. 아직 누구도 도착하지 않은 곳입니다.

나는 이곳에서 나를 찾아 헤매고 있습니다.

칼라 혹은, calla 외 3편

 유리컵에 꽃을 꽂으면 컵은 화병으로 태어나듯 우린 이름을 붙여 주기로 했어요 선생님이 흰 종이에 복사해온 사진은 진짜보다 더 진짜 같은 꽃

 칼라 아닌 것을 붙여 만든 칼라 종이에 주렁주렁 열린 칼라 금단의 과일 같은 칼라 헛바닥에 핀 칼라 뒤집으면 칼라 또 다른 칼라를 넘기면 칼라
 종이 뒤편에서 자라고 있을 뿌리를 들춰봐요 뿌리에겐 근본이 있다고 하잖아요 근본 없이 자란 아이처럼 아무렇게 이름을 붙여줄 수 있겠어요

 이것은 우리가 칼라에게 붙여 주고 싶은 이름;
 쭈그러진뇌,절뚝이는의자,종기난엉덩이,내려둔젖꼭지,꿈틀거리는벌레,갈라진뒷꿈치,빨간아기,날아가는부채,녹는설탕,멍든책,뜨거운물방울,구멍난심장

 이름엔 감옥이 들어있다고 하잖아
 마음을 숨기는 것처럼 왜 이름은 모호할까

 입속에 손을 넣고 당신을 찍어 먹으면 이름이 따라 나올 것 같아

당신, 여기서 잘못된 삶을 산다면 이름을 잘못 붙였을 거예요 어쩌면 오래전 면서기가 잘못 기록한 이름으로 어긋난 길을 걸어가고 있을지도 몰라 다시 태어나고 싶어 법원 서기 책상에 쌓인 개명 신청서 좀 봐

칼라를 주고 뒤에서 맛을 조종할 사람 없지요 내가 낳은 아이라고 맘대로 할 수 없다는 것쯤 다 알잖아요 칼라가 칼라의 맛을 버리고 비린내를 좀 내면 어때요 처음 세상에 도착한 것인데

칼라를 탈출하고 싶은 게 틀림없어요 처음 태어난 뿌리를 종이에 포박해두고 입맛대로 재단하려는 거 알고 있는 것 같아요

무한구간반복

저 유배지는 달린다, 덩굴장미가 있는 정거장을 밀어내면서
공업탑로터리에서 가두고 공단입구에서 뱉을 때까지
나를 유배시키고 시치미를 뗀다, 낡은 의자는
이미자의 동백꽃 아가씨가 두 번 재생되고 세 음절의 구간이다

정거장 뒤편 장미는 매년 같은 자리에서 피었다 떨어지기를 반복하였고 바퀴만큼 부풀었던 꿈은 닳기를 반복하였고 꽃 같은 시절을 끝내고 퇴직을 바라보게 되는 사람들이 늘어났다

장미와 버스가 만났다 헤어지기를 거듭 반복하는 동안
정류소 건너 양철지붕이 오피스텔로 바뀌고 이미자에서 싸이에서 랩으로 바뀌었고 정차할 때마다 매몰되고 다시 유배되는 사람들의 붉은 표정은 사라졌다 나타나기를 반복했다

장미가 목줄을 하나씩 달고 태어나는 것처럼 아침마다 나를 가둔 버스에서 도망칠 수 없었다 어쩌면 내가 입은 작업복이 계급보다 더 계급 같은 유배의 흔적이어서 벗어날 수 없었다 정차지를 지나친 날이면 비를 맞으며 다시 돌아와야 하는 포기할 수 없는

테이프를 거꾸로 돌리듯 늦은 밤이면 다시 유배지에서 유배지

로 돌아온다 누구도 억지로 가두지 않았지만 내 발목은 딱딱한 의자를 벗어날 수 없었다

  가시가 꽃을 보호해 주는 것처럼 내 발목을 잡고 있었으므로

  장미꽃이 넝쿨을 벗어나지 못하듯 나는 수의 같은 낡은 작업복이 내 피부인 줄 알고 살았다

똑같이 생긴 내가 계속 태어난다면

똑같이 생긴 내가 계속 태어난다면
똑같이 생긴 죽음과 매일 마주한다면

울지 않고 태어나는 아침은 순하다고 믿었지만
무서워 죽음에서 깨어나는 시간은

소리가 너무 커
내 귀에 들리지 않는 울음이 있고 너무 무거운
얼굴은 너무 싱겁게 웃고 있어
이것은 내가 시끄러운 이유

손가락이 어디서 자라는지 궁금했다 오래된 책갈피에
숨어 있든지 벽에 걸린 초침은 빠르게 자라겠지만
골목길에 스며 있거나 건물에서 불쑥 튀어나오는

아침이라고 생각하는 순간
내가 자라고
무섭다고 생각하는 순간 내가 사라져 버리는

이곳은 세상의 끝일지도 모른다

태어나는 것이 죽지 않고 계속 만들어진다면
몸은 없고 큰 입만 달린 얼굴이 벽에 걸리고
아침은 아래로 계속 곤두박질쳐 사라진다면

나는 소란스러운 경전일지도 모른다
둥글게 굴러가는 것으로 세계는 완성되고
새로운 저녁을 찾으려 어둠을 헤집는다

더 큰 아침이 온다고 생각한 적 있었는데
처음 만나는 아침처럼 우린 서로를 무서워했다

Burnout

같은 방향을 오래 바라보면 돌이 되기도 한다
목에 얹힌 생각들
말랑말랑 활짝 피기도 하겠지만
어둠이 되었다가 꽃이 되었다가 때로는 감옥이 된다

치술산엔 동쪽만 바라보다 돌이 된 사람이 있다고 하던데
그 돌을 만나러 간 적 있다
벽에 머리를 부딪치는 유리의 생각으로
언제나 같은 방향으로 멀어져가는 첫사랑처럼

얼굴 알아보지 못하는 병을 가진 나에겐
모두 같은 꽃으로 보이겠지만
개화기가 다른 것은 모두 다른 세상에서 온 것이다

불이 꺼지고 출구가 없는 알에서
만날 수 없는 것을 기다리는 내일의 나에게
안부를 전한다
묘비명같이 요약된 내가

의자에 앉아 깨어지려 안간힘 써보지만

왜 우린 오지 않는 것들만 기다리는 것일까

불안과 결별하려고 애완견을 기르는 사람은
쉽게 돌을 깨뜨리는 사람
내일을 만나지 못한 마음이 쌓여 돌이 된다는
가설을 믿는다

통증
위 통증, 아픔
위 아픔, 슬픔
위 더 큰 슬픔들

세상에 모든 돌이 사라진다면
가장 먼저 사람이 없어질 것이라고 생각한다
나는 가까울 수도 멀 수도 있는 나를 기다리며

목 위의 돌에 목 위의 돌을 얹는다

문현숙

mungreen911@naver.com
M. 010-4182-0907

- 2018년 《월간문학》 등단
- 2016년 3월~현재, 《대구신문》 〈달구벌 아침〉 연재 중
- 〈문학동인 Volume〉 회원

케이크 외 3편

판도라 상자를 열면
풀어진 리본처럼 긴 안부들과
기척해오는 근황들
늦은 저녁처럼 참 오래도 견딘
그가 걸어 나온다
국화 한 아름 건네며
오래도록 이고 있던 무서리들을
툭, 툭 털어 준다
밥통을 닮아가는 나의 생일이자
육수 빠진 멸치 같은 당신의 제삿날
고사지를 떠나온 바람이 훅, 촛불을 끈다
저문 시월, 그때처럼
막걸리에 취한 불그레한 모습
먼 곳으로 물러나 앉는다
실밥 터진 바지처럼
꺼풀을 물고 뜯겨진 누런 달력처럼
확, 타오르는 기억 때문에
영원히 늙지 않는 그가
두고 나온 낡은 집처럼 기울어 갈 때
봄 햇살 담뿍 담긴 생일 안부를 묻고

다시, 상자 안에서 으슥하게
그리고
형형색색으로 물들어간다

무섬[*]

물살보다 천천히 흘러가는 모래알들
흐르다 멈추다 또 흘러간다
등을 맞댄 여자는 오래전부터
남자의 흘러가는 마음을 경전처럼 읽고 있다
여자는 남자의 어제가 익숙한 오늘이다
떠밀려가도 사라지지 않는 물그림자들이
지금껏 지워내지 못한 추억을 닮았다
흘러가기만 하는 남자와
흘러간 것조차 숨구멍이 된 여자는
무섬 외다리를 건너가 포개진
갈대숲을 물끄러미 바라보고 있다
동행은 두렵고 불안한 무서움에 드는 일
벗어날 수 없는 소용돌이로 번져가는 일이다
따가운 갈볕에 휘어져 반짝이는 내성천은
버린 애인처럼 다시 만난 연인처럼
무섬을 껴안고 흘러가고 흘러온다

* 물 위에 떠 있는 섬을 뜻하며, 경북 영주시 문수면에 있는 전통마을.

열쇠, R

아양철교 폐선로 위 불시착한 우주선
형형색색 가지각색의 외계인들
입술은 붉고 말들은 푸르다
태초의 새들처럼 날아들더니
철새처럼, 도래지를 버리고 간다
저녁밥 지으러 하나 둘 떠나고 나면
마지막 항해를 숨겨놓았던 우주인도 혹,
끼쳐오는 밥 냄새를 맡고 시동을 건다

P기어가 잠겨 R이 들어가지 않는다
아무리 용을 써도 뒤로 가지 않으니
착륙지를 벗어날 수 없다
P와 D사이만 들락거렸으므로
그저 가고서는 우주선이었는데
불현 듯, 진땀이 난다, 식겁먹는다

R이 잠기니 D로 갈 수가 없다
R이 잠기니 P로도 설 수가 없다

더는 항해가 불가능 할 수도 있을 것 같은 생,

〈
P와 D사이
D와 P사이 외계인처럼 갇혀버린 날

scenario worked out

중력 견인 우주선을 기다리며
검은 매니큐어를 바르고 있다

졸음체 운전법

사내가 잡은 핸들은
흘림체가 익숙하다
세상 향해 흘러들어 갈 때마다
만개한 붉은 꽃들 앞에서
잠시 숨을 죽였다가
푸른 잎들 사이로 건너가는 먹구름처럼 흘러간다
위태로운 비보호 구역은
비무장지대를 닮았다
어디서 총알이 날아올지
불안한 생각도 잠시,
사내가 잡은 핸들은 졸음체가 된다
쉼표와 마침표를 번갈아 찍으며
여러 문체를 옮겨 쓴다
부산에서 서울로 다시 서울에서 부산으로
단 하루, 쉬지 않고 드나들어도
불완전 문장들만
그의 짐칸에 가득하다

박진형

pjh1968@naver.com
(M.010-6290-0309)

- 2016년 《시에》로 등단, 2019년
- 《국제신문》 신춘문예 시조 당선
- 시조집 『어디까지 희망입니까』(책만드는집)
- 〈문학동인 Volume〉 회원

시인의 말

살아가면서 때로 길을 잃고 헤매지만
한 편의 시는 등불이 되어 우리 앞날을 밝혀줍니다.
시는 우리에게 힘을 줍니다.
시집을 펼칠 때 위안과 용기를 얻습니다.
오늘도 우리 마음속에 치유의 불꽃이 피어나기를 바랍니다.

압생트의 시간 외 6편

눈을 감으면 꽃병 안에서 취한 꽃이 빛난다

사이프러스 사이로 녹색 요정이 모래 위에 발자국을 새기고 나면
독기 품은 향기는 벽과 침대에 갇힌다
하늘 아래 살아 있는 것이라곤 오직 꽃대뿐
잎맥이 보이지 않는 잎사귀가 흔들린다

귓속으로 스며들어 걷잡을 수 없는 몽상이 쏟아지면
점묘로 그려진 세상은 졸음에 겨워한다

자화상과 세상이 지워지는 사이에도
칩거하며 죽음과 같은 낮잠을 자는 시계는 바늘이 찌르는 줄 모르고

모래밭에는 녹옥석이 펼쳐져 눈부시게 달아오른다

끊임없는 심장 소리를 내는 분수대의 마네킹이
비소에 중독되어 교태를 부리면
캔버스에 초록빛 유혹이 번진다
〈

눈을 뜨자 지붕으로 스며든 이끼가 잘린 귀의 아픔을 기억해 낸다

생테밀리옹* 가는 길

나는 어디쯤 가고 있는 것일까 떠나는 길목에서 습관처럼 머뭇거린다

생테밀리옹 가는 길에 무거운 돌을 하나씩 내려놓는다

몇 개의 마을을 지나 당도한 언덕 위로 포도나무가 비단결을 펼칠 때 잠깐 내린 비는 묘지의 빗돌을 씻기고 명지바람이 한 자락 불어 이마를 서늘하게 한다
포도 덩굴의 지주가 보랏빛 슬픔을 숨긴다

오래된 상점의 거리에서 한참 동안 멈춘다
말을 가둔 채 더는 외롭지 않다고 느낄 때 성당 종소리는 울리고

포도송이가 보라의 궤도를 돌며 자전의 시간을 보낸다
마을 처녀의 눈빛이 포도를 농익게 할 때 뜨겁고 메마른 공기와 불볕더위 아래 치명적인 적포도주 향기는 시간이 멈춘 포도주 농장을 떠돌며 질금댄다

포도원과 하늘이 맞닿은 곳에서 나는 숨 막히는 풍경 속에 박제가 된 것일까

혼잣말에 익숙해져 말벗이 필요 없는데 소리도 빛도 불현듯 사라져 순간 현기증을 느낀다

　떠날 수도 머물 수도 없어 갇혀 있는 곳
　지금 내가 서 있는 이곳은 어디인가

　환생을 위해 환승할 곳을 찾을 필요는 없으니 생테밀리옹은 생테밀리옹일 뿐

　마지막 포도송이가 익으려면 햇볕은 얼마나 더 필요한가

* 적포도주로 유명한 프랑스 보르도 도시.

미기록종 발굴 보고서

수수께끼를 풀지 않고서는 나갈 수 없는
유배지의 무기력이 파고든다
꿈틀거리며 피어나는 선모가 고혹적이다
열대우림 속에 웅크리고 있어야 하는 위리안치는 일상이다

덩굴 숲 그늘에 가려 낮잠을 자다가도
점액으로 작은 곤충을 삼키고
무표정한 음색을 숨긴 채 다시 유혹의 손길을 들이민다
달콤한 향을 숨긴 치명은 견딜 수 없는 덫

밝고 푸른 살갗을 가진 새로운 종은
무성생식을 꿈꾼다
나비의 날갯짓 아래 자신을 숨기려 하지 않는다
광합성을 포기한 대가로 식충을 허락받았을까
단백질을 탐닉하는 오래된 본능으로
기다란 유혹의 가시는 수시로 모양을 바꾼다
앞과 뒤를 분간할 수 없는 이파리마다 비명이 숨어있다

낯선 식물성 페로몬이 곤충들을 유혹하는 오후
항아리 잎에 갇혀 탈출을 꿈꾸다 지친 곤충은

처절한 몸짓으로 진저리를 치다 캔버스 속 정물이 된다
겹겹이 접힌 단백질을 서서히 풀어내며 안으로 파고들 때
식물과 동물의 이종교배는 세포마다 터져 나온다

절정을 향한 치명적인 유혹이 시작된다

유리의 시간

단단해 보이지만 폐허를 품고 산다
살갗은 빙벽처럼 서서히 녹고 있는데
문제는 속도라던가
고요로 버틴다

무엇이 진짜일까
불안을 감출 뿐
내가 나를 잊은 채 한없이 가벼워질 때
환상이 만들어낸다
오늘만은 믿는다

들키지 않는 감촉보다 숨결을 더 믿는 나
내 몸에 잠긴 시간 아슬하게 끌어당겨
나라는 투명한 세계
끊임없이 바꾼다

아홉 번째 고독

숨 막히게 하는 것은 네가 아니면 누구일까
너의 살갗이 손가락에 닿으면
잊어버린 약속의 소리가 등줄기를 타고 올라오다가
숨통을 조여 온다

입맞춤은 정체가 불분명한 전율
언제든지 빠져나올 수 있다고 믿지만
포옹은 그늘을 기르는 수렁일 뿐
이제 막 한 발을 떼기 시작하는데
발코니 너머에 무엇이 더 있을까

언제든 돌아설 준비가 되어 있는데
그래서 더욱 매달리게 만드는 것일까
침대 옆 벽면의 차가운 기운에
빙벽이 무너지듯 온몸에 소름이 돋는다
거울에 비친 네 실루엣이 나를 바라본다
서서히 지워지는 것은 너일까 나일까

너는 질문을 하지만 나는 답을 할 수 없다
나는 손을 내뻗지만 네게 미칠 수 없다

아홉 번째 물결이 밀려와도
건너편에 닿을 수 없다

비 내리는 저녁
발끝에 힘을 주고
발코니에 선 나는 하늘을 날고 싶어
입술을 깨문 채 두 팔을 벌린다
가까워졌다 멀어지는 빗소리와 함께
나는 한 번도 가본 적 없는 세계로 낯선 비상을 꿈꾼다

* 제목은 박형숙의 단편소설집 『아홉 번째 고독』(실천문학사, 2014)에서 따옴.

우기

선명한 것들을 모두 뒤로 보내는 것은 우기의 함정
며칠째 쉬고 있는 인력 시장
아버지의 마른 눈동자가 젖는다
정수리를 난타하는 불안한 빗소리가 아버지 마른기침을 잠근다
살갗을 스치는 차가운 침묵은 집 안 공기를 조이고

한 시절을 뚜렷하게 보지 못하는 아버지
맨발로 걸어 나와
대지가 우는 것을 보고 입술을 깨물 때
어제의 걸음을 받아 내려는지
불거진 정맥 위로 끈적거리는 한기를 느낀다
서걱거리는 꿈이 미처 사라지기도 전에
물방울 맺힌 유리 거울이 불투명하게 피사체를 지워간다

혼자 밥 짓는 익숙함이 연기 속으로 사라진다
목탄 난로에 장작을 넣으며 아버지가 빗줄기를 훔쳐본다
한낮의 물기가 하늘빛을 지우며 흩어진다
눈가를 스치는 모든 것을 밝히 보지 못하는 것은 집안의 내력일까
습기가 돋아나는 창문마다 희미한 목소리가 물들어 온다
〈

우기마다 가라앉는 물방울 너머 아버지

파란 리본을 한 처녀

초상화 속 그녀는 어디로 사라졌을까.

흩날리는 붓이 폭포를 타고 흘러내린 흔적이 살아있다. 그녀의 시선은 고정되어 있다. 한 번도 느껴본 적이 없는 처녀의 손톱이 투명하다. 가장 편안한 자세로 숨을 쉬는 그녀를 눈동자로 핥는다. 하루가 뜨거워지고 있다.

눈이 아픈 것은 그녀를 발칙하게도 오랫동안 바라본 탓일까. 나는 아무 일 없다는 듯이 그녀를 바라본다. 그녀가 무엇인가 숨기고 있는 느낌이 온다. 액자에 갇힌 그녀 또한 나를 본다. 그녀는 내 입술을 해독하려 한다.

그녀를 버린 것일까 아니면 그녀에게 버림받은 것일까. 무참히 짓밟히고 말 첫사랑의 고백이라도 했단 말인가. 지우려고 해도 지울 수 없는 정지된 날들. 그녀는 기억 속 그대로의 모습으로 시선을 고정하고 있는데, 내 손은 그녀를 향해 끊임없이 손짓하고 있다.

그녀를 잊는다는 것은 눈 한 번 감아 버리는 일. 기억을 지운다는 것은 그리 참혹하지 않다. 그녀와 헤어진 풍경으로 들어가야겠다.

〈

초상화는 그녀의 순결을 영원 속에 가둔다. 파란 리본이 빨간 머리카락을 삼킨 것은 누구의 잘못일까.

그녀가 아직 살아있다는 느낌이 온다.

송용탁

kyenwoo@hanmail.net
(M.010-4368-5545)

- 2021년 〈5·18 문학상〉 신인상
- 2022년 《강원일보》 신춘문예
- 2023년 〈심훈 문학상〉 수상 등
- 시집 『세계의 고아』(ASIA)
- 〈문학동인 Volume〉 회원

시인의 말

감각은 세계를 묻고 동시에
본질을 강제하는 전형이다
현재적 서사가 필요한가
혁명은 감각의 죽음에서 온다

차라투스트라는 이렇게 죽었다 외 6편

낙타가 복종의 자세로 엎드렸다고 단봉에 물이 마른 건 아닙니다. 속눈썹이 길다고 늦잠을 모르는 게 아닙니다. 침대가 없다고 바닥이 아름다운 건 아닙니다.

*

안녕, 프리드리히
적당한 이름과 동거 중이다
교환은 의무다

멀어진 시침을 애써 당겨본다
아직 어제의 냄새가 지워지지 않았다
잃어도 잊지 않는 것이 있다
피곤한 봉우리가 피곤한 사람을 싣고 나선다
죽음이 먼저 마중을 나왔다
긴 혀가 사막을 내다본다

사자는 뜨거운 피가 아니면 마시지 않습니다. 차가운 것은 파괴할 수 없습니다. 울어도 눈물은 없습니다. 사자는 처음부터 사냥

을 즐기지 않았습니다.

  *

  안녕, 프리드리히
  문서적으로 노예였던 적은 없다
  사람들은 계단보다 빠르다

  속도는 종교적이다
  맹신이었다가 구겨지는 것들을 본다
  종이 울리자 한쪽 뺨이 낯설다
  저 반듯한 것들을 교정하고 싶다
  곪은 것들이 분수처럼 터진다

——————————————

어린아이는 세상의 예언보다 싱싱합니다. 신의 창조는 어린아이에서 끝났습니다. 막다른 골목에서 신은 어린아이를 만납니다. 꾸벅, 신이 도망갑니다. 아이의 손에 든 지우개가 자꾸 짧아진다.

  *

  안녕, 프리드리히

천국은 기억 없는 익숙함이다
시인은 기시감이라 말한다

아이는 정직하지 못하다
신이 죽었다 말한 자도 이미 천국을 다녀갔다
때 이른 꽃망울 같다
거짓말이 운명이라면
차라리 신을 만나러 가자
꽃 지우기에 적당한 아이를 만든다
달려오는 속도를 안고 뛰어보자
혹시 알아?
오늘은 천국도 쉬는 날일지

낙타는 사자가 되지 못하고 사자는 어린아이가 될 수 없습니다.
차라투스트라는 결국 신이 되었지만 신은 죽었다 말합니다.

*

안녕, 프리드리히
이제 사람과 대화하고 싶어

요나처럼 철부지가 될 거야

햇빛 좋은 날
빨래는 기분이 좋을까
신은 신을 믿는 사람들을 신이라 부른다
누군가 그려놓은 십자가에 꽃이 피는구나
나무가 부활했다고
십자가를 보고 있을까
십자가를 보는 사람들을 보고 있을까
햇빛 좋은 날
아무것도 마르지 않은 것처럼
아무것도 묻지 않은 것처럼
펄럭이는 빨래처럼

클래식*

　기사식당에 기사들은 오지 않았다. 엄마의 한숨이 낮은 도 - 보다 더 내려가는 날이 많았다. 먹다 남은 잔반들이 주방 한쪽에 고귀하게 쌓여갔고 페달을 밟으면 신분이 더 풍성해졌다. 영창피아노는 미 - 처럼 미안했다. 턱시도를 입은 나와 막일을 하고 들어선 사람들. 허기를 채우는 관객들과 악보의 주인은 괜히 근사한 눈인사를 나눈다. 식당 안 작은 방, 가끔 테이블을 차지하지 못한 손님이 들어와 동석을 할 때면 나는 더 우쭐해졌다. 배달 나간 아버지보다 음악의 아버지를 먼저 외웠고 나는 향기로운 관을 쓴 천재처럼 고귀한 어깨를 자랑했다. 인적 드문 골목식당에서 설익은 밥알처럼 꼬들꼬들한 도 - 미 - 솔을 재고처럼 쌓고 있었다. 누군가 죽어야 끝나는 계절 같았다. 건반은 모두 같은 모습이다. 매일 손님들도 그 얼굴이 그 얼굴이었다. 건반의 긴장이 다르듯 비슷한 얼굴들의 이야기도 모두 달랐다. 가끔 앵콜을 외치는 손님에게 엄마는 비린내 나는 반찬을 더 준비해 주셨다. 나는 모차르트의 곱슬처럼 악보를 돌돌 말아 던지고 싶었고 베토벤 같은 엄마의 싸구려 파마는 김치찌개를 끓이느라 귀가 먹고 있었다. 소심한 아비는 나 몰래 높은 도 - 를 눌렀다가 수많은 방언을 뱉곤 했다. 골목을 따라 선율의 꿈이 낮게 풀릴 때 쓰레기를 먹던 길고양이들의 시선이 사방을 쏘아댔고 선천적 천박함을 나무라지 않았다. 한때 동네에서 천재라 불리던 소년은 건반 위에 자위를 하고 말았다. 거지 같은 식당과 어울리는 괴성을 지르고 있었다. 운명처럼 장엄하게 후퇴하는 골목이 있었다. 피아노가 파 - 처럼 식당에서 벗어나던 날 귀족의 품위에 놀란 함성들이 터졌다. 내가 더 자란 후 그땐 편히 네 옆에서 길을 잃고 싶구나. 쉰 김치가 시 - 하고 주석을 달고 있었다. 손에 잡히지 않은 안개가 풍경을 속이기도 한다. 함선처럼 웅장하게 떠나는 변주를 보았다.

발치

  우편함엔 독촉들이 쌓여갔다

  술 취한 저녁이 아버지를 밤늦도록 흔들어댔고 은행에서 집을 가져간다는 말에 지붕이 들썩거렸다 누런 벽지들이 수군거렸고 깍두기를 씹던 내가 흔들렸다 통증에 변명이 필요했고 집이 사라지는 발칙한 상상을 하다 잠들곤 했다

  잠은 나 대신에 누군가 자고 있어서
  내 몫의 꿈은 없었다

  흔들리는 이는 아프지 않았다
  잇몸처럼 잡고 있던 것들이 아픈 것
  아버지를 잡고 있던 엄마가 아프다고 말했다

  같은 방을 쓰던 죽은 형이 코를 골다 갔고
  아버지는 밤새 마당을 거닐었다
  주저가 저주로 확장되는 마당에
  대문이 수문처럼 열리고
  장문의 아버지가
  유실되었다

⟨
　죽은 형의 결심이 잠든 나를 깨운다 이를 흔들어댔다 엄마가 기도문을 외우고 죽은 형이 이갈이를 시작했다 꿈 치고는 너무 생생해서 일기도 두려웠다 나는 끝까지 몰라야 했다

　쪼그라든 꼬리를 점자 읽듯 읽어나갔다

　한 밤 두 밤
　앞에 달린 꼬리의 모양이 불만이었다

　들썩이는 지붕 위로
　빠진 이를 던진다

　흰 까마귀가 날고 있었고
　새 이는 기약이 없었다

만조

매일 억수비가 내렸다
빗물을 받는 작은 두 손
바다를 넘치게 할거야
수면의 눈금이 흔들렸다

홀로 남은 아버지의 고무장화는
치매처럼 깜깜하고 여전히 벗기 힘들었다
발목이 잡힌 것처럼,
바다의 모든 소리가 집으로 향한다

- 쉬, 아버지가 밀물처럼 밀항 중이라니까

나는
맞이 해야 한다
삼가 양손을 대고 싶다

붉은 물 냄새가 마당 가득 자작할 때
연체된 슬픔으로 나의 부채가 구겨진다
누구의 밑을 닦아야 하나
누구의 밑이어야 하나

끔찍하도록
먼바다
질투하기도 하였는데

중음中陰

바다는 몇 층으로 된 탑인가

더 위로 오르기 위해 수많은 돛을 피운다

외로움을 벗은 사람이 탑을 돌기 시작했다

사람이 잃은 길을 찾는 중이다

경전의 말은 화석처럼 회색이었다

조난은 남겨진 이름을 닮았다

바다를 좋아하던 엄마

당신의 빈방 속에 나 혼자 만석이다

그립다는 말은 고전적이라서 범선에 태웠다

사십구일 간의 항해가 어디로 닿았는지
〈

나는 모른다 그렇게 오랫동안 헤엄을 쳤다

깜깜한 촛불이 춤을 춘다

밤도 아가미가 자라고 있었다

등대는 약속이라고

엄마가 말했다

기록의 수평선 중간에서 멈춘 건

어쩌면 나인지도 모르겠다

그날 이후 파도의 말들이 돌아오지 않았다

층간소음

  절벽에 잃어버린 단추를 달아주었다.

  알프스 산양들이 경사를 밟을 때마다 옥탑은 더 설레었다. 어둠은 아직 오시지 않았고 배고픈 선주족들은 난간에 웅크려 흙 묻은 얼굴을 부비고 있었다. 데굴데굴 단추 굴어가는 소리. 절벽에서 멀어지는 눈동자 소리. 봄도 오기 전에 초록 싹을 내밀면 어쩌지? 독이 가득 오를 텐데. 산양들이 단단한 벽에 못을 박는다. 발굽은 선천적 슬픔이다. 옥탑과 가까워질수록 이주자들의 생각이 휜다. 운명은 그렇게 동그랗게 말리고 있었다. 저녁이 되면 평지의 주민들이 중력을 닮은 전등을 하나씩 켜둔다. 같은 종자들이 중력의 방향으로 귀가한다. 벽에 걸린 산양들의 동공 한구석이 환해진다. 난간을 도려내면 어둠도 숟가락을 놓고 위를 쳐다봐 줄지도 모르겠다. 그 흔한 바람개비 하나 흔들어줄지도 모르는 일. 아직은 감자를 요리할 시간이 아니랍니다. 선주족의 앞니가 바람도 없이 흔들린다. 운명은 혼자서 도는 자력이 있나 봐. 층간 사이로 가난한 생각이 데굴데굴 멈춰있다. 어지럽게 멈춰있다. 절벽은 산양들의 보호색 같았다. 이주자들은 언제 도착할까요? 벽의 흉곽에 매달린 걱정들을 걱정으로 바라보는 감자들. 어둠이 감자를 하나씩 빼 먹을 때마다 심해지는 층간소음. 어둠의 안쪽에 산양의 마음을 달아준다. 난간을 잡고 흔드는 경사. 다시 돌돌 말리는 산양의 뿔. 흔들리는 가족사진을 힘껏 고정시켜 본다. 독 오른 싹은 아무 데서나 구르지 않는다. 낭하의 가족들이 기도처럼 무릎을 모은다.

  봄도 아닌데
  산양의 발바닥에 싹이 돋는다.

정윤서

ysj6796@naver.com
(M. 010-6223-6796)

- 2020년《미네르바》등단.
- 〈웹진 시인광장〉편집위원.
- 〈문학동인 Volume〉회원.

시인의 말

모처럼 산언저리에 올라 진한 어둠을 주시해 본다.
어둠은 낮 동안의 목마름과 눈물 자국마저 에누리 없이 먹어 치운다.
이런저런 이유로 여러 해를 고투한 내 안의 나에게 이제는 좀 더 가벼운 어둠만으로도 편안해져야 한다는 말을 건네 본다.

채희 외 4편

채희는 모텔에서 잘 때마다 우주선에 든 것 같다.
헤이리 뉴욕모텔을 빙 둘러싼 너른 잡종지를 헤매는 풍뎅이만큼 말이다.
영국에는 없는 영국 빵집을 찾았고, 독일에는 없는 독일 빵집을 들락거렸다.
채희는 이제 정말 다 컸다.

주말 흰 셔츠는 지구 밖에서 펄럭인다. 헝클어진 머리는 건들지 좀 마.
준궤도에서 빙빙 돌던 채희는 친구들에게서 버려졌다.
웬만하면 보지 말자.
남은 친구는 지희뿐이다. 중학교 2학년 여름.
소나기에 드러난 지희의 가슴골과 엉치골은 항법 장치로 움직인 탐사선 같았다.
교무실로 불려 간 지희는 측정할 수 없는 속도의 추진체 같았다.

휴일마다 채희는 검은 패딩, 검은 벙거지, 검은 마스크를 장착한다.
혼자 들어서도 편한 것은 김밥천국뿐, 1인석에 앉는다.
배민 쿠팡이츠 요기요 우아한 형제들까지 섭렵했다.
암페타민과 알프라졸람을 털어 넣는다.

알약들이 충돌해 응급실에 눕는 건 연례행사다.
벙거지가 벙거지를 외면하는 건 오래된 규칙, 발등만 본다.
낯선 이의 주먹질까지 감당할 자신은 없어.

생리가 시작되면 운전석 시트를 젖히고 볼륨을 높인다.
팔천 원에 전세 낸 외곽극장 연애는 어떨까?
출판도시가 상상 속 존재는 아니잖아?
배터리가 충만해졌다.

  죄송해요. 저만 아니면 상영 안 해도 될 텐데요.
  아니에요. 아무도 없어도 틀어야 해요. 영화관 룰이에요.
  아! 미안해하지 않아도 되겠네요.

채희를 사랑하게 된 긴 머리가 탐스러운 알바생은
채희의 팝콘에 카라멜 팝콘을 슬쩍 깔아주곤 했다.
누구에게도 보여줄 수 없거나 누구에게나 보여줘도 상관없는
양극단만을 오고 간 채희가 반값 티켓을 꺼낸다.
  다음 달부터, 메가박스 이채점도 할인권 없앤대요.
  아! 정말요?
채희를 바라보는 알바생의 낯빛이 어둑해진다.

James & Clara

클라라를 위한 제임스의 4대 원칙

1. 클라라에게 해를 입혀서는 안 된다
2. 클라라의 위험을 절대로 외면해서는 안 된다
3. 클라라를 위해 존재하는 것임을 명심해야 한다
4. 클라라를 위한 원칙에 위배되지 않는 한 스스로를 지켜야 한다

완벽에 가까운 제임스는 말이 없는 편
검게 빛나는 사이드미러를 펼친다
어서 와요 클라라!
어떤 생명이든 에너지는 필요하지
물 같던 사람은 얼음이 되었고
얼음 얼음 아 그만 나 이제 얼음이야
온화한 미소 뒤엔 냉정이 도사렸다

빛을 가둔 빌딩들이 어둠에 쌓여있다
강물을 비추는 가로등만 환하게 도열해 있다
숨탄것은 사랑하지 않겠노라 맹세한다
결국 죄다 쓸쓸해지더라
〈

제임스의 품에서 발버둥 치며 울었다
제임스! 이제 내게 단 하나뿐인 연인이 돼줄래?
너에게만 안길게 너만을 사랑할게
상처를 주지 않는 망각의 기능도 탑재한 제임스
흔들리지 않을게 너만을 사랑할게

정신 차리세요 클라라!

핸들 밑으로 구르는 눈물들
이제부턴 내겐 제임스밖에 없다는 분명한 사실과
그 사실을 분명하게 이해한 눈물의 구령들

어둠을 밀어낸 주차장에 폭우가 쏟아진다

클라라
과속을 하지만 너는 졸피뎀
급제동을 하지만 너는 암페타민
가상과 현실을 오락가락하는 너는
핸들 없이 넘실넘실 주행하는 너는
화려함을 뛰어넘는 무채색을 가졌지

〈

한밤에 도착한 아야진
오토스톱 짧은 잠을 청해 보지만
바다는 더 사나워진다
폭풍이 물러간 아침에는 졸피뎀이니까
지워도 재생되는 블랙박스니간

홍대를 떠나 방파제에 홀로 있던 클라라
모듈러 신디사이저를 던져 버리고
너울 속에 혼자 있던 클라라
비탈진 기슭에서 둑새풀처럼 흔들리던

너에게 묻고 싶었지
성별 없는 현실에 대해
등록증을 던진 후
스스로가 스스로를 운행하던
오, 나의 사랑 클라라!
페달을 밟고 급출발을 해도 돼
급제동 드리프트를 해도 돼
현실 속 졸피뎀은 휘청거리지만

코가 깨지고 입술은 찢어졌지만

지금 여기는 동해야
천둥 번개가 내리꽂히는 아야진이야
부러진 우산 젖은 코트야
폭풍 속으로 사라지자
불면증 한 움큼, 수면제 한 움큼
양손에 동그랗게 쥐고서
성별 없는 나의 클라라!
너는 너울성 어디에 있고도 없으니

밤과 낮의 구별이 없는 곳으로 가자
천 길 물속으로 가자
유리된 바다에 떠 있는 국화
모래사장 풀 죽은 유니콘을 껴안던 조막손을 만나러 가자
옛날 영화를 떠돌던 해마를 만나러 가자
접히고 펼쳐지며 하릴없는 형편을 수습하지 않는 바다
말려든 아이를 구하러 가자

어지러워

토할 것만 같아
조명등을 타고 날으는 갈매기
미궁에 빠진 바다와 얼굴을 맞댄 마스크
퇴화된 입술은 또다시 천 길 물속에 든다
제임스! 조가비 마차를 타러 가자
소라고둥 나팔을 불러 가자 접힌 파도를 펼치러 가자

* AI 기본 원칙/철학 중 일부.

옥합을 깨뜨린 이브

거꾸로 땅속에 처박힌 이브가 하반신을 남겼다
날씬한 허리와 굴곡진 골반 양쪽 허벅지를 곡선으로 벌려
공중에 가지가지 뻗어나간 초록의 나무가 되었다
살풀이 굿판을 한바탕 벌인 숲인지도 모른다

사진 한 장 찍을 수 없는 날들이었다
새벽 세 시의 퀭한 눈은 세단의 문을 열고 sonet of the woods
흔들리는 심장을 즐기는 서브 우퍼는 흔들리는 심장의 먹이다

용수철처럼 퉁겨지던 하루는 스물네 시간 침몰했고
절반의 눈빛과 절반의 입술은 잠지 못하는 술래가 되었다
양쪽을 여는 열쇠는 따로 놀았고 반절은 비로소 절대자가 되었다
무궁화꽃이 ㅍ ㅣ ㅇ ㅓ ㅅ ㅡ ㅂ ㄴ ㅣ ㄷ ㅏ
격자무늬 미닫이에 좌표를 찍은 무궁화는 잠들었다

옹이진 안륜근과 입둘레근
수천의 뿌리를 가진 좌우는 각자도생임을 깨달았다
어둠과 빛의 교대식은 무의미했고 어둠을 물리친 낮이 가끔 어둠에 종속되기도 했다
천둥과 벼락은 앞서거니 뒤서거니 공중에 쉴

새 없는 두려움을 그린다 아름다웠다

도시는 적막을 내쫓고 적막은 도시에 사는 유흥을 염탐한다
눈은 듣고 귀는 보며 입은 달리나 다리는 달리는 법을 말하지 않는다
여럿보다 혼자가 편한 것은 전방과 후방을 막론하고 오래된 역사
검은 복면을 한 자정이 흰 셔츠로 환복하는 것을 관습이라 부르겠다

빛은 어둠의 눈꺼풀을 사정없이 자르고 어둠은 숙면에 들지 못한다
가장 맛있는 새벽 두 시의 냉장고는 모조리 털리고 새벽 두 시 반에 변기는 가장 즐겁다
연속되지 못한 잠과 잠들은 고꾸라질 듯 고꾸라질 듯 고꾸라지지 않는 기침이 된다
혼밥이 좋아서가 아니다
편한 얼굴들을 죄다 죽이고 고요한 자세로 타인과 나마저 속이고 있을 뿐

공중과 땅속을 탐닉하던 입과 잎들은 퉁겨지거나 소란스러워도

좋다
  밤과 낮은 한동안만 움직이거나 영원히 움직이지 않아도 좋겠다
  사진 한 장 남지 않아도 아무렇지 않겠다

망상 해변

밤바다에서 한 사내가 걸어 나온다
흰 셔츠를 풀어 헤치고 있다
커프스 버튼과 넥타이는 어디로 갔나
곧추세운 몸으로 다가온다
철퍼덕, 흰 셔츠를 해변에 벗어 놓는 사내
나의 발등만 간질이다 사라진다

희고 빛나는 발굽을 울린다
우르르 우르르 앞발을 치켜든다
반쯤 젖은 갈기를 휘날리며 다가온다
철퍼덕, 먼 곳에서 싣고 온 욕망을 기슭에 부린다
바다 산맥 달리고 싶은 내게
고삐는 잡히지 않고
힘없는 발목만 자꾸 젖어 가

바닷속 어딘가 비밀의 거처가 있다고 했다
백마를 타고 그곳으로 가면
맨살로 버티며 웅크린 그 사람 있을까
고삐를 쥐려 할수록 몸만 깊게 젖는다
은빛을 베어 문 난바다에서 잠들고 싶어

달빛 가득 숨비고 숨비고, 마침내 하늘에 오르는 숨비소리

어둠을 베어 문 별들이 해변을 휘돌고
고삐를 쥐어 튼 달빛이 질주를 시작한다

스텔스

가오리 한 쌍이 공중을 지난다
항행하는 옆구리에는 폭탄이 장전돼 있다
피를 봐야만 잠잠해지는 육식성
부표가 떠 있는 저녁 바다 위를 날아간다
그림자에 놀란 기러기 떼가 고도를 낮춘다
물 바닥에 붙어 사는 가오리가 자꾸만
수면 위로 뛰어오른다

수평선을 지나온 검은 세단이 모텔로 간다
누워버린 취객을 밟으며 둥글게 몸을 마는 타이어
제 살 내음을 지워버린 아스팔트
출력되지 않는 영상들 탐지되지 않는 레이더

검은 커튼 사이로 새는 환한 빛
연초록 양귀비가 꽃을 피웠다
잠복한 수사대

캘리포니아는 언제 갈 건데
뉴욕은 언제 갈 건데
전조등을 끄고 달려온 너는 나의 스텔스

두 번째 애인
브루클린은 언제 갈 건데
뉴욕은 언제 갈 건데
모텔 말고 호텔 개새끼야
잿빛 구름에 가려진 너는 읽을 수 없는 스텔스

고도를 높인 두 대의 전투기가 금기의 문을 열었다
혜성이 지나버린 하늘가에 검은 연기가 피어오른다
정찰 전투 폭격
지평선이 사라지고 있다
읽히지 않는 항로에 날 수 없는 가오리
해석되지 않는 육식성
스텔스 이제는 없다
폭파된 잔해가 꿈인 듯 식탁에 놓여있을 뿐

한승남

jwcom01@daum.net
(M.010-4050-2261)

- 문학동인 Volume 준회원.
- 중앙일보 시조 백일장 2022 장원, 2023 장원, 2024 차상 수상.

시인의 말

가고 싶은 곳이 어디인지 몰랐다
평범하려고
그들 사이에 머물렀다
가끔씩 가고 싶은 곳이 떠올랐다
그럴 때면 시집을 찾았다

최초의 이정표에는 아무런 글도 쓰여 있지 않았다
나는 아직도 내가 가고 싶은 곳을 가보지 못했다

너瓦, 함께하는 지붕 외 6편

지붕은 예기치 않은 시간을 담은 팔레트
구멍 뚫린 사이로 보이는 하늘색
오래된 밑그림 되어 박꽃 위로 솟는다

널브러진 너瓦 개비 껍질 벗겨 던지고
떨어진 비늘 조각처럼 밀려난 아버지
더 이상 날리지 않도록 칡넝쿨로 묶어둔다

누름대는 당신 마음 누가 알아챘을까
바람의 기척이 소리 없이 사라져
지붕은 산그늘 향해 또 한 생을 읊는다

바닷길 재단사

바닷길과 맞대어져 항구의 사연 깁는다
양복점 라사 거리 바다 향기 품을 때
옷감에 파도 떠다니듯 스쳐 가는 가윗날

조각난 해풍은 수습 시절 한숨일까
외항선원 주문 양복 리듬 맞춰 꿰매갈 때
물무늬 둥글게 말려 품 안에 밀물진다

수평선을 한 땀 떠서 깃 위에 앉혀놓고
내 안의 매듭 춤 물살에 풀어 짓는다
저녁놀 긴 솔기 따라 저물어간 광복동

별 우물

우물을 닮아서 품어주는 차가운 밤
소리의 세계까지 조용히 모아두어
섬돌을 딛고 올라서 별의 근황 묻는다

맞물린 돌기단에 나의 눈물 고여 놓고
천 년 왕국 그 자리에 별지기로 남아서
깊은 밤 담그는 날에 꼬리별을 찾는다

고개 들면 보이는 그대로인 아기 얼굴
내 곁에 남아 있는 슬픔 하나씩 퍼내면
다 자란 해맑은 웃음 비춰주는 첨성대

에코백

값비싼 명품가방을
가진 적 없는 어머니

도로 옆 좌판에서
푸성귀를 팔고 있다

무표정 에코백처럼 하릴없이 앉아 있다

소리 없이 뭉그러져
고개를 떨군다

구부정한 엄마 등에
해묵은 기다림 휘면

먼지를 뒤집어쓴 당신 애달게 불러본다

훅 불어넣은 비닐봉지
삶을 담아 뒤섞는다

주름진 넉넉함을

한 소쿠리 가득 담아

가방을 다독여본다 꿋꿋한 어머니 닮은

빛의 뜰

철탑에 넘어가는
노을은 미완의 쉼표

온종일
고압선 아래
할머니 오선에 머문다

긴소매 부여잡고서
푸른 섬광 지우며

둔덕에 밀어 넣어진
흉측한 덩치들

사라진
메밀꽃밭
이방인에 포위되어

고랑에 뿌리내리듯
박혀 있는 빛의 꽃
〈

전선의 여우 소리
맥박 속에 살아 있어

바람을 볼모 삼아 어둠이 덮치는 마을

날마다 창문 안으로 별빛이 떨어진다

꽃의 염殮

이어지는 전염병
그 낯선 두드림에

봄내음 멀어질 때
눈으로 전하는 안부

향로에 사른 향불은 꽃의 연고 묻는다

이번 생의 꽃들은
저마다 답을 잃고

그 어떤 꽃으로도
피어나지 않기 위해

따가운 볕살 조각을 눈초리로 담는다

빈소를 지키고서
사라지는 노을은

소멸로 향하는 너

오열 없이 지운다

한순간 기억을 지펴 마지막 길 배웅한다

토르소를 바라보는 우리의 표정

잘린 표정 알 수 없어
몸통만 남은 조각

굶주린 그림자에
생기를 입혀 주면

가난을 채색한 붓질
앙상함이 피어날까

섬세한 손놀림에
간절함이 묻어나도

동강 난 얼굴처럼
갈 곳 잃은 경계의 선

어둠 속 빌딩의 위엄
무표정만 쌓아간다

조명받는 토르소
관객 시선 사로잡는데

〈
여러분 월 삼만 원이 아이를 살립니다

낮은 곳 빈곤 포르노
중심 잃은 조각상

테마시

– 트라우마

트라우마
- 못 갖춘 이야기들
이 령

1.

쉿! 을 추종하는 마을이 있었다. 사람들은 뒷산 관음보살의 신탁만으로는 도무지 창조되기 힘든 실재계의 최대화를 관음이라 이름 지었다. 내가 쥔 종일 갓 부화된 병아리들의 이름을 짓거나 집 앞 봇도랑 생쥐와 눈싸움을 하거나 끼니도 거르고 도라지밭에서 꽃봉오리를 터트리며 놀던 어린 날, 앞집 언니는 뒷집 아재의 손에 이끌려 자주 뒷산으로 갔다. 언니의 배가 언덕배기 봉분마냥 불룩해지자 마을은 술렁이기 시작했다. 생각하지 않는 죄라는 믿음이 일족의 약속이었다. 소리 내야만 할 때 절대 소리 내지 않는 집단적 비굴을 마을 사람들은 간혹 평온이라 우겼다. 언니가 동구 밖 고욤나무에 까치밥처럼 매달렸을 때도 아재는 평범했고 일족은 냉정했다.

2.

어느 날은 학교에서 악마와 대면했다. 악마는 천사의 얼굴을 하고 있다는 걸 가르쳐준 건 얼마 전 새로 부임해 온 우리들의 다정한 교장이었다. 다행히 내겐 지나치게 친절한 건 위험한 거니 피하라고 가르쳐준 엄마가 있었다. 그즈음 엄마도 없는 내 짝의 웃음이 사라졌다. 피 묻은 치마를 잡고 엉엉 울던 내 짝은 더 이상 교장실 청소를 하지 않아도 됐다. 아이가 셋이나 딸린 병신 같은 담

임은 지나치게 윤리적이어서 입을 꾹꾹 다물었다. 아무도 아무렇지 않게 살아내야 했다. 그날의 일기는 그날을 기억하지 않기 위한 것이라는 걸 그때 알았다.

3.
  내 친구 옥순이의 아버지이자 석이의 아버지인 허 氏는 윗마실 영주댁의 남편이자 아랫마실 소실댁의 남편이기도 했다. 영주댁은 옥순이보다 소실댁의 석이를 더 챙겼다. 옥순이가 좋아하던 분홍 소시지는 늘 석이의 도시락에만 있어서 점심시간이면 누구랑 같이 먹을까 난감했다. 남매이자 동급생인 옥순이와 석이는 늘 따로 놀았지만 옥순이 친구이자 석이의 친구인 나는 네 편 내 편 없이 인형놀이도 전쟁놀이도 두루 섭렵했다. 칼싸움을 할 때마다 허를 찔린 석이는 계집애처럼 울었고 의기양양한 내게 엄마는 말했다. 선머슴처럼 여자애가 그러면 안 돼! 옥순이 엄마도 울 엄마도 여자이면서 자꾸만 여자를 강조하고 있었다. 왜 안 되는데? 자주 묻곤 했다.

시작 노트

대체로 시는 그 시인과 닮았다. 시인의 체화된 삼세의 모습이 자연스럽게 얼비치기 마련이다. 지식과 경험과 좌절의 총체가 지혜라고 한다. 따라서 지혜로운 사람은 전 생애를 통해 부단한 자기 갱신의 노력과 견딤의 의지를 조화롭게 일궈내는 이다. 시도 시를 쓰는 시인도 마찬가지다. 내 속의 울음뿐만 아니라 타인의 울음까지 울어줄 줄 아는 이라 해서 시인을 예로부터 곡비哭婢라고 부른 이유가 여기에 있을 것이다. 차이는 있겠으나 현대인은 누구나 트라우마-외상성 신경증을 가지고 살아가고 있다. 매몰되느냐 극복하느냐는 각자 선택의 몫이겠다. 시詩가 극복의 작은 바지랑대가 되기를…….

검정

강봉덕

  며칠 동안 섬에 갇혀 돌아오는 배를 기다렸다 높아진 풍랑의 반대 방향으로 머리카락이 날아갔다 난, 이곳에 지내고 있을 새들이 궁금했다 바닷가에서 머리통처럼 생긴 몽돌을 주워 올렸는데 새의 냄새가 났다 심장이 차가워져도 머리카락은 계속 자란다는 말이 생각났다

  언젠가 바리캉을 든 아버지 앞에 무기력하게 밀린 머리카락은 모두 새의 깃털이 된다고 생각했다 어릴 적 이발소에 가져갈 돈이 없을 때부터, 난, 바람을 타고 날아다니는 머리카락을 갖고 싶었다 피 흘리지 않고 뿌리째 뽑아낼 수 있는 건 깃털뿐이라 생각했다 그때 머리통은 울퉁불퉁해 아직 바람에 길들지 않는 돌멩이였다

  생각이 갈라지는 숫자가 머리카락보다 많을 때 희망은 늘 검정이라 생각했다 검은색을 가진 머리카락은 늘 같은 생각만 돋아날까 처음 사람을 만나면 머리를 보았다 머리는 항상 권력 가까이 놓여있다 창녀의 허벅지에 머리카락을 남겨두고 눈알이 뽑힌 거인을 생각하며 사람들은 왜 자르던 모양대로 머리카락을 다시 자르는지 궁금해졌다 머리카락은 새들과 마주했고 희망은 늘 바람의 반대편에서 반짝였다

시작 노트

 내가 열세 살이었을 때 아직 섬에 갇혀 있었다. 가끔 날아오던 헬리콥터가 더 이상 보이지 않아 섬을 빠져나갈 수 없으리라 생각했을 때, 흉어의 날이 찾아왔다. 흉어기의 끝은 보이지 않았고 내 머리칼은 자꾸 길어져 얼굴을 덮고 있었다. 중학생 형이 매달 바리캉으로 머리를 밀었다. 그 후, 나도 아버지의 손에 끌려 머리칼이 맥없이 바닥으로 떨어졌다. 난 내 머리칼이 천천히 자라기를 기도했지만 매운 해풍보다 빨리 자라는 것 같았다. 이것이 내가 알고 있는 그 섬에 대한 대부분의 기억이다.

 그 섬은 가장 낮지만 가장 넓은 담장을 갖고 있다. 그 담장으로 무동력 목선만 보였다. 사라졌다 보이기를 반복하는 아버지의 목선은 힘이 없었다. 힘이 사라진 섬이 나를 더 이상 가두지 못할 때, 나는 뭍으로 나왔다. 시간은 모든 것을 사라지게 하는 마력이 있다. 나에게 섬은 잠재된 기억의 사각지대가 되었다. 나는 섬을 행복이라 포장했고, 섬과 관련된 것들을 추억이라 생각했다.

 얼마 전, 장마로 산비탈의 집들이 무너진 광경을 뉴스로 보았다. 불현듯 어릴 적 내 불알친구가 떠올랐다. 낮은 산비탈에 살고 있던 친구는 폭풍우가 지나간 다음 날부터 결석하였다. 나는 또 다른 내 어릴 적 친구를 수소문하였다. 그는 풍어기를 틈타 고등학

교를 그만두고 바다로 나가 아직 돌아오지 않는다고 하였다. 나는 '섬'이란 글자를 읽을 때마다 몸속의 검은 섬을 감추고 있었다. 슬픔은 시간과 반비례로 내 몸에 녹아 있다.

와인터널
-터널증후군

문현숙

"아가야, 언놈이 나를 노려보고 옷을 자꾸 벗으라 한다 내 좀 살리도 제발"

육지 속, 또 다른 섬
먼지 쌓인 입구 쪽으로
너울처럼 밀려오는 갸르릉 가쁜 숨결
늘 더디 오던 봄처럼
출구를 끌고 갈 것들은 어디쯤 표류하는지 모를, 지금
한 방향으로만 타협했을, 막바지 질주는
감속기어 없는 시간의 풍속風速
세상 아닌 세상을 더디 지나며
얼마나 더 가야만 봄날의 정착지, 가 닿을지
흔한 안내문 한 줄 찾을 수 없다
이편과 저편 사이 경계인처럼 서성이던 십, 수, 년,
바람을 포용했던 돛의 기억은 낡고 삭아
밀물 빠진 갯벌에 홀로 정박해 있다
헤진 언덕 어디쯤
닻을 못 내린 채 부러진 노가
어두운 질감을 바닥에 켜켜이 꽂는다
굳은 관절들이 뒤틀린 척추마다 등을 내 건다

〈
비상등이 번쩍, 내게로 달려든다

한쪽 솔기가 막힌 와인터널처럼
어머니, 죽음을 숙성시키고 있다

시작노트

  손에든 하드가 팔월 뙤약볕에 녹아 바닥으로 뚝뚝 떨어진다. 얼룩진 바닥이 빈틈을 찾아 흘러든다. 멍하니 하늘만 뚫어져라 바라보는 엄마, 하드가 다 녹도록.
  "죄다 녹기 전 얼른 드셔"
  겨우 한입 베어 먹었을 뿐인데, 입맛을 잃어버렸단다. 엄마의 생이 내 가슴으로 흘러들어 녹아내린다. 한입 베어 물다 놓쳐버린 하드가 그 저녁, 하늘에 조각난 반달로 떠 있다.
  속설에 '사람이 죽으려면 삼 년 전부터 마음이 변한다.'는 말이 어떤 징후 같은 느낌이 들어 가을처럼 쓸쓸하다. 배는 고픈데 밥 생각은 없다는 말처럼 헛헛하다. 땀인지 눈물인지 대책 없이 흘러내린 물방울들이 서로 뒤엉켜 흐느낀다. 터널을 빠져나오자마자 이내 샛길에서 느닷없이 튀어나온 고라니를 만난 듯, 급정거한 느낌이다. 발길 닿는 데로 계획 없이 떠나는 여행 같은 무작정이다.
  우리는 소풍처럼, 찌든 세상사에서 훨훨 날아가고 싶은 그런 일탈을 꿈꾸며 살아간다. 하지만 그 일탈 또한 되돌아올 수 있는 곳이 있음에 그 꿈이 행복한 것이라 여겨지지만 죽음이 꿈꾸는 여행은 한 번 떠나면 그만인 되돌아올 수 없는 여행이 아니던가.
  어떤 계절의 터널을 지난다는 것과 어떤 시기에 터널을 지난다는 것은 특별한 경험이다. 터널은 정점이다. 무성한 나무들의 정점, 햇살에 익어가는 곡식들의 정점, 열매 맺는 모든 것들이 마지막 힘을 내는 정점까지도. 비록 땀을 쏟고 숨차게 힘든 시간도 겪겠지만 분명 정점을 지나야 얻을 수 있는 것들 또한 있을 것이라 믿어본다. 처서가 지나도 여전히 꺾이지 않는 폭염 속, 문득 누군가의 눈부신 안부가 궁금해지는 저녁이다.

그녀의 트라우마

박진형

검푸른 물결이 일렁이면
마음의 문이 닫힌다
수면 아래 숨은 오래된 상처는
그녀의 것인가 나의 것인가
시간의 물방울에 갇혀
지울수록 또렷해진다

숨을 쉬고 싶어도
누군가 목을 조여온다
바닷물이 코와 입을 타고 흘러내려
숨통이 막힐 때
나를 찾는 그녀의 눈동자가 흐려진다

상처는 그 속에 또 다른 상처를 새긴다

도망치려 할 때마다
마음 깊은 곳에서 밀려오는 파도
기억을 심연에 묻고 와도
이안류가 몰려올 때마다 그녀를 끌어당긴다

내 목소리는 잠기고

파리한 빛조차 날카롭게 느껴진다
잔잔함 속에 숨어있는 검은 그림자
그 속에 감추어둔 내면의 두려움은
또 다른 그림자로 그녀에게 드리워진다

악몽을 꿀 때마다 떠오르는 밤바다
질식해 가는 그녀를 바다는 놓아주지 않는다
폭풍과 파랑이 엉켜있는 복잡한 미궁에 빠져
헤매는 그녀에게 나는 손을 내민다

구름 뒤에 숨어있던 달빛이 드러날 때
그녀는 나와 함께 했던 바다 안개 속에서 나를 찾았다

몸과 마음의 상처가 아물 때까지
그녀는 내 곁에 오래도록 머물 것이다
내 숨결과 살결을 느끼고 나누며

무한 루프*에 갇혀 있던 트라우마가 소실점으로 사라진다

* 프로그래밍에서 반복문이 종료되는 조건이 없거나, 종료 조건이 성립되지 않아 프로그램이 끝없이 동작하는 상황.

시작 노트

그녀는 바다를 두려워했다. 바다를 보면 파도가 자기를 집어삼킬 듯이 느껴진다고 했다. 바다는 그녀에게 정신적 상처를 주는 대상이었다. 어떤 충격적인 경험 탓에 그녀는 바다를 볼 때마다 두려움에 떨어야 했을까?

밤이면 그녀는 익사하는 꿈을 꾸곤 했다. 허우적거리며 악몽이 끝나기만을 기다렸다. 바다에 대한 공포는 그림자처럼 그녀 삶에 드리워졌다.

한동안 그녀는 심리적 충격에서 벗어날 수 없었다. 그녀가 수영을 배우지 않는 이유도 마음 깊은 곳에 숨겨진 물에 대한 두려움 때문이었다. 불안이나 스트레스를 넘어서는 원초적인 공포가 마음 깊숙이 자리 잡고 있었다.

어느 날 그녀는 이 증후군을 외면하거나 극복하지 않고 그저 오래된 친구처럼 동행하기로 마음먹었다. 어둠이 그녀를 지배하도록 내버려 둘 수 없지만 그렇다고 적극적으로 싸워 이겨내고 싶어 하지도 않았다.

자기 고통이 남에게 이해될 필요가 없다는 듯 그녀는 심리 치료를 거부했다. 그녀는 내면의 상처를 외면하지도 않았지만 직시하지도 않았다. 그 모든 아픔을 하나하나 끄집어내어 오래된 책을 다시 읽는 것처럼 과거를 되짚고 싶어 하지도 않았다.

트라우마와 동행하는 과정은 고통스러웠지만 동시에 그것은 역

설적으로 치유의 과정이었다. 그녀 안의 두려움과 마주하지도 않고 외면하지도 않는 순간, 어느새 그것이 더 이상 자기를 지배할 수 없다는 사실을 깨닫게 되었다. 의식하면 할수록 또렷해 지지만 그냥 두려움이나 공포를 일으키는 트라우마를 인정하고 받아들이기 시작했을 때, 그것은 힘을 잃게 되었다.

마침내 그녀는 일부러 폭풍우 치는 바다에 가 보았다. 처음에는 두려움이 엄습했지만, 차차 마음에 평화가 깃들기 시작했다. 과거의 어둠이 더 이상 그녀를 두렵게 하지 않았다. 그녀는 거센 파도 앞에서도 홀로 설 수 있다는 자신감을 얻었다. 그것은 단순히 용기의 문제가 아니었다. 자기 자신을 이해하고, 용서하고, 지나간 상처를 인정하고, 치유하는 과정을 통해 성장할 수 있다는 믿음이었다.

트라우마는 삶의 일부이다. 그렇다고 하더라도 그것이 삶을 결정짓게 놔두어서는 안 된다. 이제 그녀는 더 이상 바다를 두려워하지 않게 되었다. 그녀는 과거의 자기를 포용하고, 현재의 자기를 사랑하고, 미래의 자기를 긍정하게 되었다. 거친 파도와 폭풍우 속에서도 편안함과 평온함을 발견할 수 있다는 사실을 기억하며.

직물

송용탁

눈먼 개

벽을 보고 짖는다

녀름은 계속 산란 중

엔트로피가 증가했다

시작 노트

크로노토프

  움직이지 않는 다리를 발견했다. 기생이라고 말하기엔 생의 목적이 불확실하다. 그리마는 산 것과 죽은 것들을 모두 끌고 다닌다. 생기 잃은 다리의 수가 늘어날 때마다 승주의 손끝은 웃고 있었다. 구석과 응달을 향해 끊임없이 움직이는 마디와 더듬이. 저건 착시야. 기절 놀이 이후 휘청거리는 신경의 다발이 승주의 목선을 따라 흘러내릴 것 같았다. 나는 그저 상체를 숙인 승주의 가슴선이면 족하니까. 한 마리의 그리마처럼 곡선의 그늘 속에 숨어들면 그만이니까. 이 지평의 시간을 늘리기 위해 나는 승주의 명령에 최선을 다한다. 승주는 검지와 엄지를 연장한 핀셋을 들고 있다. 불행한 다리들이 행복한 다리 사이에서 방황하고 있다. 그새 승주는 쾌감의 단추를 누른 것이 분명하다. 우습게 죽는 것들, 승주는 분명 쾌감과 비슷한 감정을 느끼고 있는 게 확실하다. 조금 전보다 상의의 단추가 하나 더 풀려 있었다. 그리마의 몸통은 공간적이다. 마디와 마디를 경계로 자기 안에 공간을 둔다. 속이 무엇으로 채워져 있느냐는 중요하지 않다. 다만 직렬적으로 연결된 두려움이 통시적이라는 통념을 그대로 배웠다. 그래서 그것의 다리들은 시간적이다. 생사를 끈질기게 확인하는 습성이 의태적으로 형상화된다. 승주는 그리마와는 극점에 있었다. 그녀의 몸은 어제의 가슴과 오늘의 가슴이 다르듯 통시적으로 흘러갔다. 그러나 승주의 양태는 병렬적이다. 무엇에 대한 적개심인지 무엇에 대한 방어기제인지는 알 수 없으나 송골송골 맺힌 땀이 가슴 새로 파고들 때면 승주가 그리마의 천적이 될 수밖에 없음이 더욱 자명해졌다. 그래서 그런 그녀를 훔쳐보는 나는 그녀의 조력자이며 공범자로서 배역에 충실하면 된다. 우리의 호기심은 즉흥적이나 노골적으로 논리적이다. 그리마, 승주, 나는 완벽한 관계로 공존한다. 절지, 다리 많은 것들의 사정은 아무리 발버둥 쳐도 사정 많은 인간의 몸말을 벗어날 수 없다. 그리마의 시간 위에 우리의 목적성이 무게로 쌓이면 설해처럼 나가떨어지는 다리가 수북해진다. 봄이 되어 적설이 녹으면 알게 될지도 모르겠다. 나는 상반신의 살 냄새를 좋아한다. 그럴수록 하반신의 다리가 늘어났다. 그리마의 더듬이를 보면 손등이 가려워졌다. 손끝에 기화하는 승주의 가슴을 상상한다. (…) 자명종이 울린다. 없는 절지와 없는 승주를 데리고 사는 나는 결핍의 무렵에서 한철은 보냈음을. 그리마 그리마 그리마 주문처럼 외우다 보면 그리움이 옆에 서 있었다.

미희

정윤서

1.

검지 발가락이 긴 미희는 그래서 아버지가 일찍 죽었다는 미희는

남편 복마저 사납다고 세뇌당한 미희는

앙증맞은 키만큼 검지 발가락을 줄이지는 못했다.

미희는 커갈수록 검지 발가락의 길이를 자꾸만 쟀다.

검지 발톱 크기만큼 길이를 잘라내던 미희의 상상력은 무쓸모인지도 몰랐다.

발가락들은 내기 따위를 하지 않았고 허공의 가위바위보는 자꾸만 내기를 냈다.

22

: Chae Mi Hee*

이촌동 첼리투스 승강기 안의 우아한 여자분?

오! 그래, 바로 너구나~

동국대 꼭동산에서 외친다.

장미야! 흑장미야!

88

: Jung Mi Hee**

오! 선생님이시군요. 요즘 강의는요?

음! 그런 건 묻는 게 아니란다, 애야~
동국대 쪽동산에서 외친다.
N 타워까지만 같이 걸어요. 선생님 제발!

<u>2</u>
엄지발가락이 긴 미희는 그래서 엄마가 일찍 죽었다는 미희는
망원동 둔치를 횡단하는 흰 갈매기만큼 하나도 변한 게 없겠지.
미끈한 깃털처럼 가녀린 미희에게 날아가고 싶어.
미희에게 미희는 여전히 닿을 수 없는 존재, 미희 없는 세상은
상상을 초월하지 못한 태초여서 미희는 도로 태초가 되었다.
미희는 시간 지나도 늙지도 않겠지, 기도했어.
미희를 돌려주지 않아도 평생 혼자 살아갈 수 있지만,
돈 좀 빌려주실래요? (꺼낼 사람도 없었다.)
미희의 장미는 상계동 전세 아파트촌을 덩굴로 삼았고
(가난이 파고든 꽉 찬 전세 대출이었다.)
미희의 조팝꽃은 신사동 월세 빌라촌을 은거지로 삼았다.
(삭아버린 싱크대 수납장이 한밤중에 무너져 내렸다, 기도했어.)
미희는 서울 어디에도 없더라. 미희, 미희는 어디에 있을까?
미희를 느끼고 싶어, 미희를 만지고 싶어......, ...울었다.

3.

붉은 하이힐 검지 발가락의 미희는 용역 깡패 구사대를 뚫고
자본만큼 높은 현대기아 쌍둥이 빌딩 앞에 서 있기도 했었다.
무지 외반증 엄지발가락에 속절없던 미희는
한남대교 강, 남에서 강, 북까지 미친 듯 헤매기도 했었다.
속도 없는 미희는 탐스러울까? 맛있어 보이죠?
싸움닭도 끼니는 챙기는 법이야. 안 먹으면 싸우지도 못한단 말야.
여러분은 지금 집시법 규정을 위반하고 있습니다.
차도 밖으로 나가 주십시오. 차도 밖으로 나가 주십시오.
너무 흔들리는 눈동자를 비웃듯, 고장 난 확성기처럼 그랬지.
너는 너대로 잘 살아 그냥. 파업파괴자(罷業破壞者) 개떼들처럼.
묘령의 순경이 다급한 얼굴로 외친다.
아줌마, 뒤로 물러서요 다쳐요.
아줌마?
나 미치겠네, 아줌마라니?
야!!!!!야!!!!
가슴 압박 흉통, 시간이 지나도 왜 넌 거기 그대로 서 있어?
선봉대 앞으로 전진!

마스크와 바라클라바로 무장한 배불뚝이 선봉대는 잽쌌다.
119는 느렸다. 일 분 만에 도착했지만.

4.
검지 발가락이 길면 대박이야. 창의성 끝판왕이야!
족상 전문가의 말을 듣던 미희는 몇 날 며칠을 흥분했었다.
귀신 껍데기처럼 마구 웃다가 결국은 울었다.
미백주사 순수주사 공주주사 중에 외상이 되는 건 어떤 거예요?
넌, 어떻게 굴러먹다 온 거니?
주사 좀 주세요. 우유주사요! 네 살 때 빨던 엄마의 젖무덤 같은 거요.

공중에서 둥둥 떠돌던 잘린 미희의 발가락은
미희의 미래를 보여주다 시시각각 사라진다.
미희는 미희의 미희로 사각거리다 멈춘다.
본드나 빨자. 꼭 돼지 본드로 사 와!
뭐가 없어, 한방이 없어, 어떻게 살았는지 모르겠다.
애원하며 울었지만, 미희는 사진 속에서만 웃고 있더라.
천 길 물속은 변한 게 하나 없는데, 검은 봉투는 한 번도 불지 못했는데

가위바위보를 내던지는 고층빌딩 바닥은 왜 이리 허공보다 가까운 거지?

#####

현대차 (가짜) 집회 카톡방 2024.

"미희 설렁탕집 들어간다." 사찰증거입수.

*7월 15일 회사가 고용한 용역은
단체카톡방에 미희가 식사를 하러
설렁탕집에 들어갔다고 보고했다.
실제로 정 씨는 식당 중에서도
현대차 본사 간판이 보이는
설렁탕집에서만 식사한다.
집회 장소에 사람이 없으면
집회 물품이 경찰이나 용역들에
의해 훼손될지도 모르기 때문이다.
회사가 고용한 용역들이 주변 인도를
모두 장악한 탓에 이틀에
한 번씩만 도로 안전지대에서*

집회를 이어가고 있는데…

* 장현의 시집 제목.
** 의미 없음.
*** 뉴스타파 2023년, 보도 중 일부를 변용함.

시작 노트

사내 조직과 노동조합에 드렁칡으로 얽혀 있던 나는
장기간의 파벌 싸움으로 몸과 마음이 만신창이가 되었다.
이후 직장 내 스트레스로 인한 산업재해 승인을 받았다.
친밀했던 동료의 변심, 민주와 어용, 강성과 온건.
덧씌워지는 프레임, 이익에 매몰되는 관계들을 겪으면서
사람과 조직에 대한 기대나 신뢰를 버려야 했다.
시스템화된 모든 것도 결국 사람이 하는 것이므로
결국은 사람이 문제였다. 사람이 지겨웠다.
내 잘못이라는 자책감도 상당했다.

종종 밤을 새워 시에 몰입한다.
스스로가 스스로를 해치우고 싶은 충동을 제어하는 것이다.
시는 내게 그렇다.
죽음이라는 종착역을 무섭지 않게 해 주는 것.
귀신 껍데기같이 헝클어진 내심과 외양을 정돈해 주는 것.
귀신 형용 쑥대머리 같은 나를 스스로 다독여 주는 것이다.
미친 사람처럼 혼자 슬슬 웃게 만드는 것이다.

트라우마
-에코 체임버 격투기

한승남

누군가는 쓰러져야
출구가 열린다

반복된 훅과 잽 사이 간절히 나를 붙들고

달콤한 환호성 울려 두려움을 가둔다

찬사와 야유가
핏빛으로 번져와도

마지막 격투처럼 상대의 틈 엿본다

승자만 살아남는 링 내 몸짓을 읽는다

당신 편 내 편 갈라
되풀이된 뒤울림

붉게 터진 입 언저리 진위를 외면한다

파이터 링 안에 갇혀 한쪽으로 기운다

시작노트

트라우마

트라우마에 갇혀 살아가는 이종격투기 선수의 삶을 생각해 봅니다.

한쪽에는 닫힌 링 안에서 응원과 격려의 소리를 듣는 선수가 있습니다. 반면 비난과 욕설을 퍼붓는 사람들 사이에 수치심을 쌓아가는 선수도 있습니다. 후자의 경우에는 수치심이 마음속에 자리 잡아 시간이 지나면서 정신적 트라우마로 나타납니다.

격투장 안에서는 자기가 응원하는 선수만 좋게 보여 우리 스스로도 객관화하기 어렵습니다. 그러다 보니 그것이 전부라 여기게 되어 한쪽으로 치우친 확증 편향이 나타납니다.

진위와 상관없이 나만의 관점을 지지하게 되는 현상이 부정적인 자기 신념과 자신을 숨기고 거짓된 모습으로 살아가게 되는 결과로 이어질 수 있습니다.

우리의 삶도 이종격투기 선수의 삶과 크게 다르지 않습니다. 살아가는 동안 에코 체임버에 갇혀 사는 것은 아닌지, 트라우마 상황을 겪으며 마음과 몸에 상처를 받지만 빠져나가지 못한 채 스스로 고통을 짊어지는 것은 아닌지 돌이켜보게 됩니다. 이런 스트레스 반응을 이겨내며 오늘도 우리는 링 위에 오릅니다.

■ 문학동인 Volume 연혁

2016년
12월   동인 결성 협의(이령 외 3인)

2017년
7월   〈문학동인 Volume〉 온라인 카페 개설(http://cafe.daum.net/donginvolume)
       이령, 강봉덕 외 3인 가입
12월   배세복, 손석호 외 2인 가입

2018년
1월   박진형 외 1인 가입
2월   〈문학동인 Volume〉 창립총회
       - 일시: 2018.02.24. 17:00
       - 장소: 경주 드룹탑 분황사점 세미나실/ 일성콘도보문
       - 초대 회장단 선출(회장 이령 등)
5월   이령 첫 시집 『시인하다』(시산맥사) 출간
9월   동인지 『문학동인 Volume 창간호』(볼륨커뮤니케이션) 출간
       강봉덕 첫 시집 『화분 사이의 식사』(실천문학사) 출간
10월   손석호 제6회 등대문학상 최우수상 수상(시「장생포」)
       송용탁 가입, 배세복 카페지기 승계
11월   〈문학동인 Volume〉 제2차 정기총회
       - 일시: 2018.11.03 14:00
       - 장소: 경주 드룹탑 분황사점 2층 세미나실/ 캔싱턴리조트

2019년

1월 박진형 2019 국제신문 신춘문예 시조 부문 당선

2월 이령 시집 『시인하다』 한국문화예술위원회 문학나눔도서 선정

강봉덕 시집 『화분 사이의 식사』

한국문화예술위원회 문학나눔도서 선정

3월 〈문학동인 Volume〉 제3차 정기총회

- 일시: 2019.03.23. 15:00
- 장소: 경주 드롭탑 분황사점 세미나실/ 일성콘도보문

7월 동인지 『문학동인 Volume 2집』 (시산맥사) 출간

10월 배세복 첫 시집 『몬드리안의 담요』 (시산맥사) 출간

11월 〈문학동인 Volume〉 제4차 정기총회

- 일시: 2019.11.09 15:00
- 장소: 경주 월암재
- 2대 회장단 선출(회장: 박진형, 부회장: 손석호, 사무국장: 배세복, 카페지기: 강봉덕)
- 최재훈 가입
- 고문 추대: 이령

2020년

1월 이령 제2시집 『삼국유사 대서사시-사랑편』 (한국문화관광콘텐츠협의회) 출간

3월 김성백, 최규리 가입

4월 배세복 전자시집 『당신의 중력 안에』 (디지북스) 발간

7월 동인지 『문학동인 Volume 3집』 (북인) 출간

10월 〈문학동인 Volume〉 전자시집 『편지, 시를 향한 연서』(디지북스) 발간

11월 송용탁 〈제3회 남구만 신인문학상〉 당선

12월 손석호 첫 시집 『나는 불타고 있다』(파란) 출간

　　　강봉덕 제1회 〈울산하나문학상〉 수상

　　　문현숙 외 1인 가입

2021년

3월 손석호 전자시집 『밥이 나를 먹는다』(디지북스) 발간

4월 배세복 제2시집 『목화밭 목화밭』(달아실) 출간

5월 송용탁 〈2021년 5·18 문학상 신인상〉 수상

　　　손석호 시집 『나는 불타고 있다』(파란)

　　　한국문화예술위원회 문학나눔도서 선정

7월 최규리 『시와세계』 평론부문 신인상 수상

8월 동인지 『문학동인 Volume 4집』(달아실) 출간

10월 송용탁 제4회 〈직지신인문학상〉 시 부문 수상

11월 〈문학동인 Volume〉 '코로나-예술로 기록' 지원금 수혜

12월 〈문학동인 Volume〉 제5차 정기총회

　　　- 일시: 2021. 12. 5. 14:00

　　　- 장소: 안성칠현산방

　　　- 3대 회장단 선출(회장: 손석호, 부회장: 배세복, 사무국장: 최재훈,

　　　　편집장: 송용탁, 감사 박진형)

　　　송용탁 제13회 〈포항소재문학상〉 수상

　　　이 령 제10회 〈경주문학상〉 수상

2022년

1월 송용탁 강원일보 신춘문예 당선

2월 『문학동인 Volume-코로나 블루』(시산맥) 문집 출간

5월 이 령 제2회 〈시산맥 시문학상〉 수상

7월 김성백 제3회 〈이형기 디카시문학상〉 수상

  김성백 아르코 창작지원금 발표지원

10월 박진형 아르코 창작지원금 발간지원(시조)

11월 〈문학동인 Volume〉 제6차 정기총회

  - 일시: 2022.11.5. 14:00

  - 장소: 서울 프레이저 플레이스센트럴 호텔

  채종국 가입

  최규리 제2시집 『인간 사슬』(천년의시작) 출간

  이 령 전자시집 『못 갖춘 이야기들』(디지북스) 발간

  송용탁 전자시집 『섹스를 하다 딴 생각을 했어』(디지북스) 발간

12월 박진형 제1시조집 『어디까지 희망입니까』(책만드는집) 출간

  송용탁 아르코 창작지원금 발표지원

2023년

4월 〈문학동인 Volume〉 제7차 정기총회

  - 일시: 2023.4.29. 14:00

  - 장소: 서울 프레이저 플레이스센트럴 호텔(초대시인: 정숙자 시인)

  정윤서 가입

6월 최규리 〈시와세계〉 작품상 수상

  손석호, 송용탁 아르코 창작지원금 발표지원

9월 송용탁 2023 〈심훈문학상〉 수상

동인지 『문학동인 Volume 6집』 (달아실) 출간

11월 〈문학동인 Volume〉 제8차 정기총회

- 일시: 2023.11.4. 15:00

- 장소: 충남 보령 해양수련원

- 4대 회장단 선출(회장: 배세복, 부회장: 송용탁, 사무국장: 최재훈, 편집장: 최규리, 감사 손석호)

12월 배세복 제1회 〈선경작가상〉 수상

배세복 제3시집 『두고 온 아이』 (상상인) 출간

2024년

3월 김성백 제17회 〈조영관 문학창작기금〉 수혜

송용탁 첫 시집 『세계의 고아』 (아시아) 출간

4월 〈문학동인 Volume〉 제9차 정기총회

- 일시: 2024.4.20. 15:00

- 장소: 충남 공주 홍휘관

5월 이 령 아르코 창작지원금 발표지원수혜

10월 동인지 『문학동인 Volume 7집』 (시산맥) 출간